JN035834

洋経済

エネルギー危機と脱炭素

課題山積

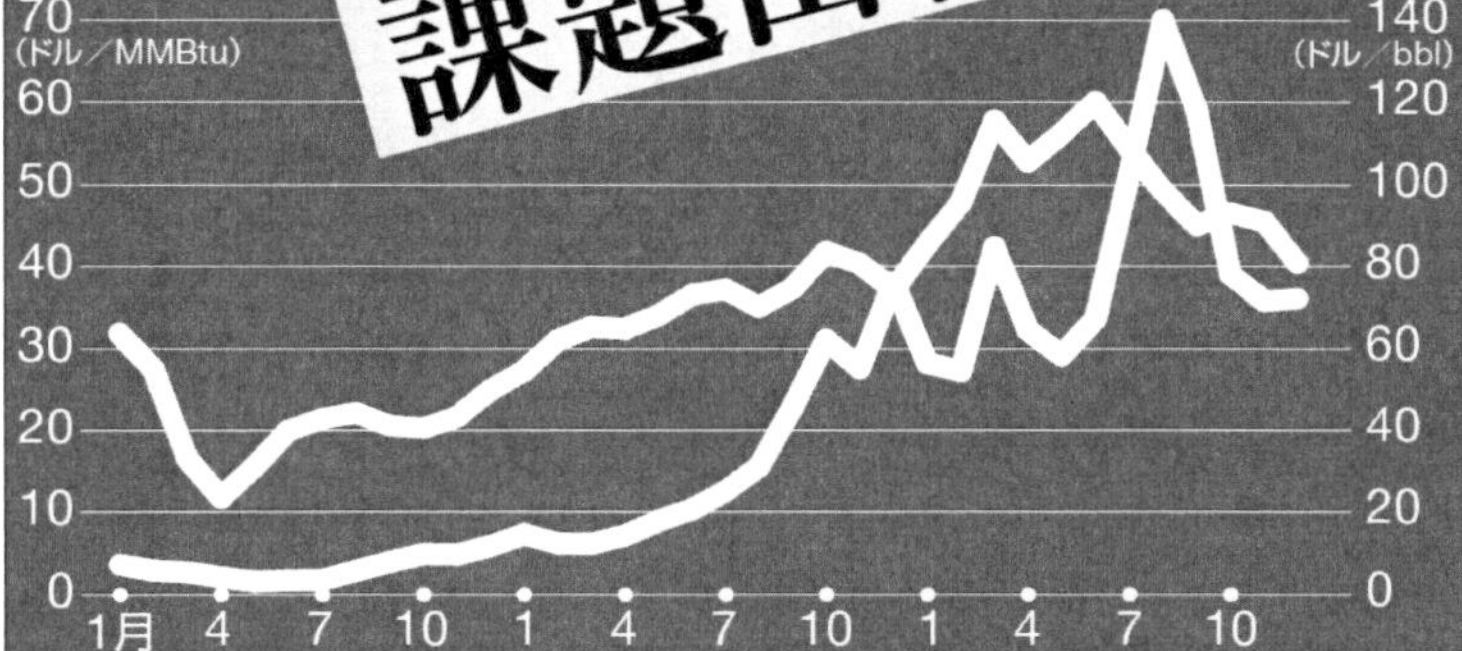

週刊東洋経済 eビジネス新書 No.456

エネルギー危機と脱炭素

本書は、東洋経済新報社刊『週刊東洋経済』2023年2月18日号より抜粋、加筆修正のうえ制作しています。情報は底本編集当時のものです。(標準読了時間 120分)

エネルギー危機と脱炭素　目次

エネルギー価格が高騰し続ける

立ちはだかるエネルギー政策のトリレンマ

「2021年は1万6000円だった電気料金が、22年12月は3万6000円に跳ね上がった」。不動産会社で働く神奈川県藤沢市在住の30代男性はそう嘆く。

家には3歳の子どもがいるため、冬場は平日の日中でも暖房が欠かせない。契約していた電力会社からは、2022年に入り2度、事実上の値上げとなる料金プラン変更の通知が届いた。慌てて別の電力会社へ乗り換えたが、料金は大きく変わらなかった。「保険を安い契約に見直し、3人の子どもの教育資金にと積み立ててきた投資も減らしたが、それでも埋め合わせできない」(男性)。

23年2月からは政府による負担軽減策で一時的に電気料金は下がる。だが現在、大手電力各社は経済産業省に値上げ申請を行っており、この審査が通れば、東京電力エナジーパートナーの家庭向け平均モデル（規制料金）では、6月以降に約3割電気料金が上がり、補助金による補填分を上回る公算が大きい。

電気料金値上げの最大の要因はエネルギー価格の高騰にある。日本の電源構成は約7割を火力発電に依存している。燃料となる天然ガスや石炭、石油などの価格高騰により大手電力会社の大半が赤字に陥るなど、経営を大きく圧迫。東日本大震災以来となる値上げの申請を迫られている。

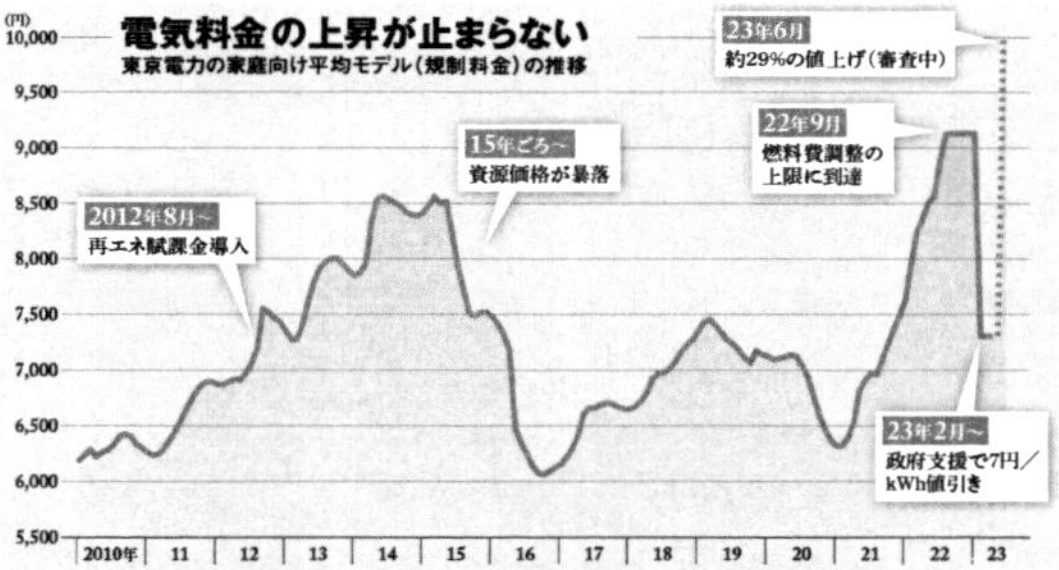

(注)2023年4～5月の料金は未定、6月は値上げ申請が通った場合のイメージ。平均モデル：従量電灯B・30A、260kWh ／月、再生可能エネルギー発電促進賦課金(12年8月分以降)、太陽光発電促進付加金(10年4月分から14年9月分まで)、口座振り替え割引額、消費税等相当額を含む
(出所)東京電力エナジーパートナーの資料を基に東洋経済作成

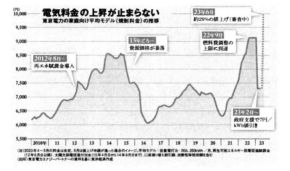

その引き金となったロシアによるウクライナ侵攻から間もなく1年。一時、歴史的高値まで急騰した原油やガスの価格は、中国のゼロコロナ政策や欧州の暖冬による需要減少で足元こそ侵攻前の水準に戻ったものの、なお高い水準にある。

これからの情勢は、欧米の戦車供与やロシアによる攻勢で戦争が激化する可能性もある。ロシア情勢に詳しいＪＯＧＭＥＣ（エネルギー・金属鉱物資源機構）の原田大輔調査課長は、「巷間にはウクライナを緩衝地帯とする『朝鮮半島型』の分断シナリオもあるが、両国とも停戦に向けた交渉に応じる気配は現状ない」とみる。本当の危機は、ロシア産ガスが当てにできない次の冬。とくに天然ガスやＬＮＧ（液化天然ガス）は、今後構造的に価格が高騰する可能性が高い。

戦争前の水準に戻るもなお高値続く

欧州の天然ガス、原油価格推移

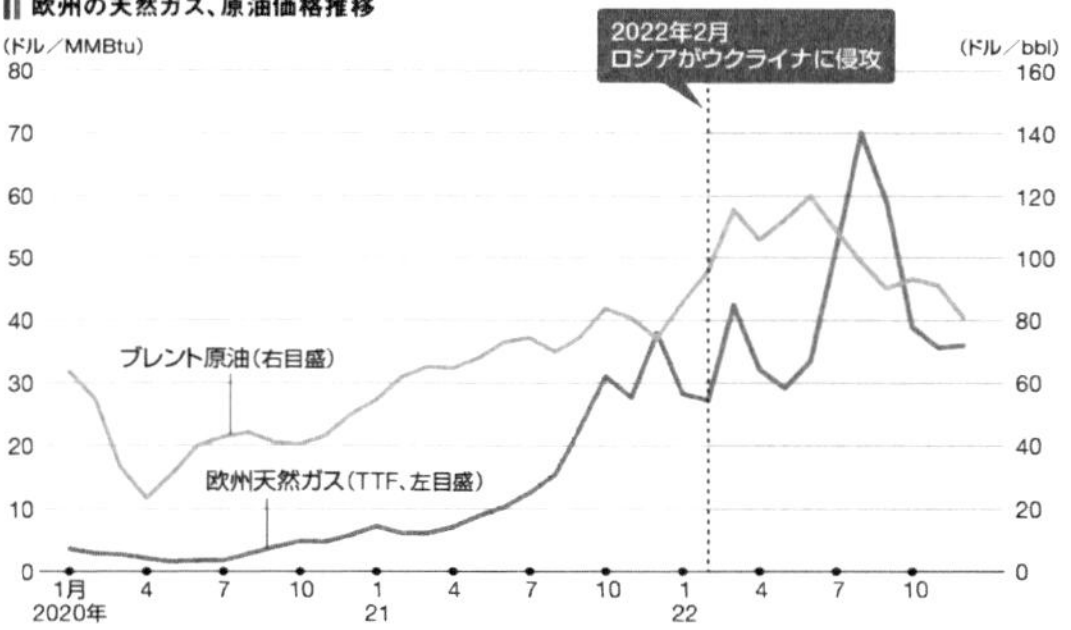

(注)月次データ　(出所)世界銀行

資源開発投資は先細りが続く。パリ協定が採択された2015年以降、世界では脱炭素の機運が高まり、化石燃料への投資は減少した。新規のLNGプロジェクトが立ち上げられるのは2026年以降だ。欧州や中国での需要はむしろ増える見通しで、ガス危機の長期化は避けられない。

2022年は再生可能エネルギーやEV（電気自動車）などへの投資額が15％増加する見込みと、世界の再エネシフトは加速している。

化石燃料への投資は2015年以降減少傾向

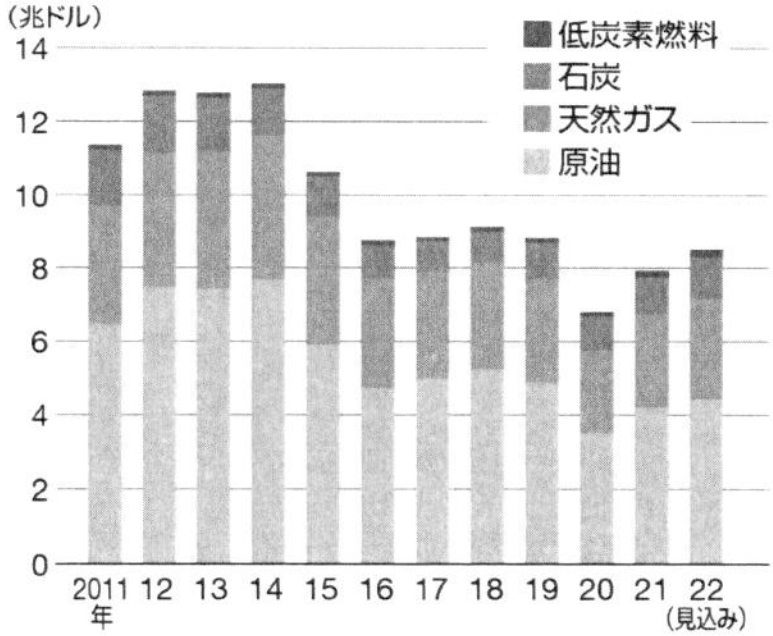

(出所)上下ともIEA「World Energy Investment 2022」

2022年はクリーンエネルギーへの投資額が15%増加へ

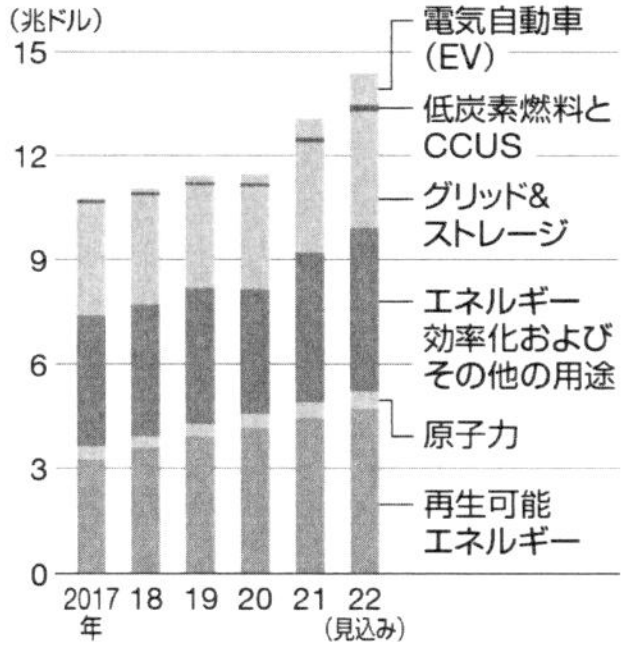

ただウクライナ危機以降、金属資源価格なども高騰し、再エネへの投資コストは膨らんだ。IEA（国際エネルギー機関）によれば、「太陽光パネルと風力タービンのコストは2020年以降、10~20%上昇した」。エネルギー界の権威として知られる米S&Pグローバル副会長のダニエル・ヤーギン氏は、「再エネの拡大には、今後、金属資源のサプライチェーンの問題が立ちはだかる」と予測する。

日本は「2030年度に温室効果ガスの46%削減（13年度比）を目指す」ことを2021年4月に公約した。だが、経済成長を維持しながらエネルギー安全保障の強化と脱炭素を進めていくのは容易ではない。

官民150兆円投資へ

「GX（グリーントランスフォーメーション）は経済社会全体の大変革」。2022年12月22日、岸田文雄首相は脱炭素社会への転換を検討する「GX実行会議」で、官民150兆円投資の方針を示した。今後10年間で20兆円規模の「GX経済移行債（仮称）」を発行。この政府支援を呼び水に、民間企業から130兆円の投資を引き出し、再エネの大量導入や製造業の脱炭素化につなげていく構えだ。

原子力については脱炭素のベースロード電源と位置づけて「最大限活用」する方針を示した。こうしたGX政策を事実上、主導してきたのは経団連と経済産業省、そして岸田政権のブレーンも担う嶋田隆・首相秘書官とみられる。

2022年5月に経団連が掲げた提言（年間2兆円規模の政府支援、既存原発の最大限活用、炭素税ではなく排出量取引制度の検討など）は「GX実現に向けた基本方針」でほぼ全面採用された。経団連の十倉雅和会長は、「産業が滅んでしまえば、日本企業はその技術で脱炭素に貢献することもできなくなる」と経済界の危機感を訴える。

一方、巨額の財政支援や原子力政策の方針転換を、22年7月に発足したばかりのGX実行会議でスピード決定したことには危うさも残る。GX基本方針で示した原発の運転期間（現在は原則40年、最長60年）追加延長や「次世代革新炉」への建て替えの是非をめぐっては、世論が割れる。核のゴミの最終処分問題は未解決のままだ。

主力電源化へ大量導入を進める再エネでも、足元では問題が山積している。再エネの切り札と目される洋上風力では、入札ルールの見直し議論を受けて公募がいったん中断するという異例の事態が起きた。青森県で進められる国内最大級の陸上風力では、環境破壊を理由に住民や自治体からの批判が強まる。日本企業の間では、国際基準から離れたカーボンクレジットの活用や、認証偽装をした輸入バイオマス燃料の取引など「うわべだけの脱炭素」も広がっている。

GX経済移行債の償還は、カーボンプライシングの本格導入を財源とする。将来的に大企業が負担することになるが、企業が負担分を転嫁すれば最終的には国民の電力料金などに跳ね返る。GX実行会議のある有識者メンバーは、「150兆円という金額は先に決まったものの、具体的な投資先は実質ゼロベースだ。ばらまきや利権化の防止への適切な制度設計も今後求められるだろう」と語る。

巨額のグリーンディール政策に踏み出した日本。それは経済と脱炭素の相克を乗り越え、エネルギーと気候変動の課題を真に解決するものでなくてはならない。

（秦　卓弥）

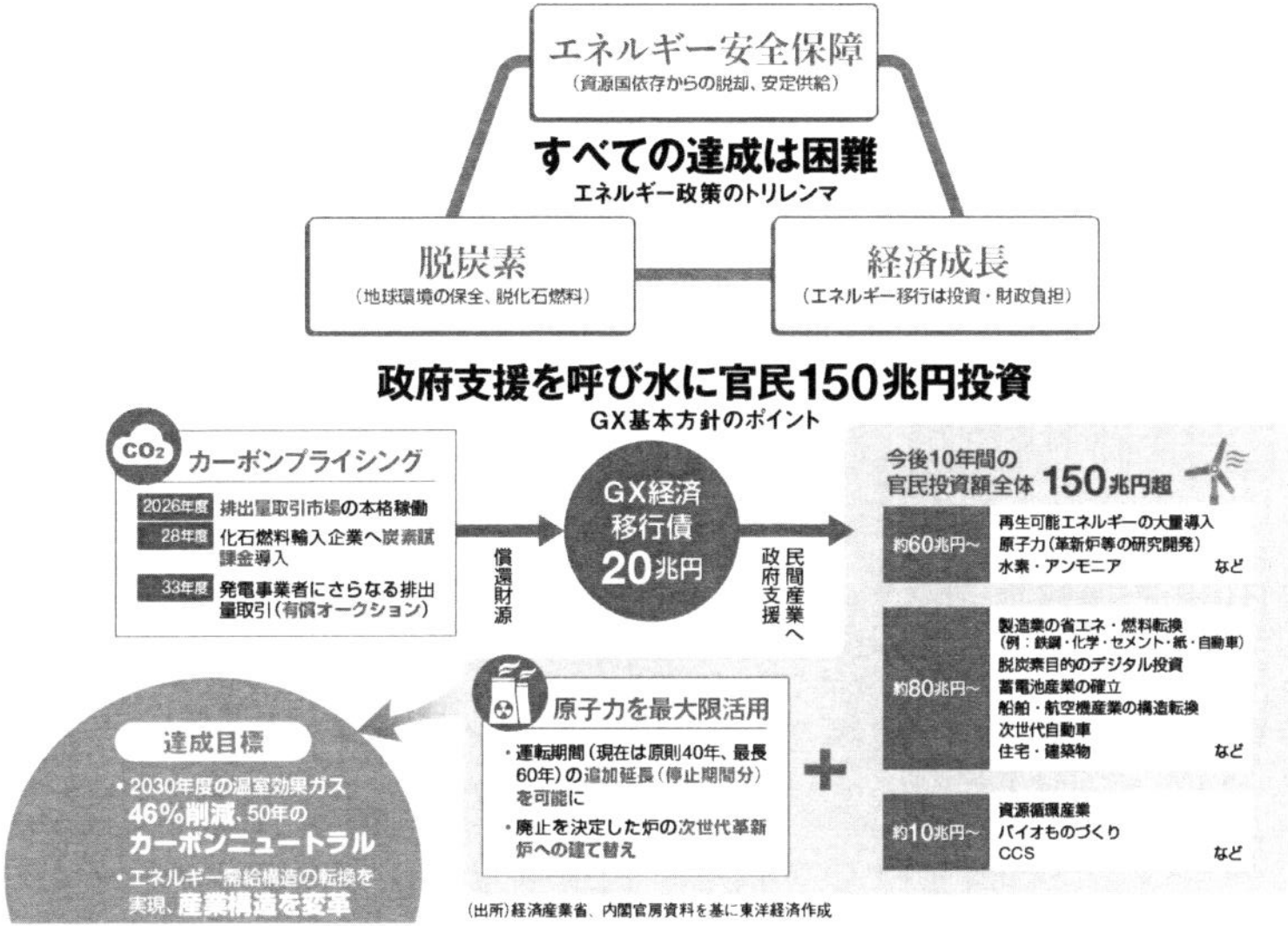

エネルギー安全保障
(資源国依存からの脱却、安定供給)
すべての達成は困難
エネルギー政策のトリレンマ
脱炭素
(地球環境の保全、脱化石燃料)
経済成長
(エネルギー移行は投資・財政負担)
政府支援を呼び水に官民150兆円投資
GX基本方針のポイント
CO2
カーボンプライシング
2026年度 排出量取引市場の本格稼働
28年度 化石燃料輸入企業へ炭素賦課金導入
33年度 発電事業者にさらなる排出量取引(有償オークション)
償還財源
GX経済移行債
20兆円
政府支援
民間産業へ
今後10年間の
官民投資額全体 150兆円超
約60兆円～
再生可能エネルギーの大量導入
原子力(革新炉等の研究開発)
水素・アンモニア
など
約80兆円～
製造業の省エネ・燃料転換
(例：鉄鋼・化学・セメント・紙・自動車)
脱炭素目的のデジタル投資
蓄電池産業の確立
船舶・航空機産業の構造転換
次世代自動車
住宅・建築物
など
約10兆円～
資源循環産業
バイオものづくり
CCS
など
原子力を最大限活用
・運転期間(現在は原則40年、最長60年)の追加延長(停止期間分)を可能に
・廃止を決定した炉の次世代革新炉への建て替え
達成目標
・2030年度の温室効果ガス46%削減、50年のカーボンニュートラル
・エネルギー需給構造の転換を実現、産業構造を変革

(出所)経済産業省、内閣官房資料を基に東洋経済作成

大手電力で不正が横行　抜本改革へ厳罰論も

日本全国で電気料金が高騰する中、大手電力各社のガバナンスが問われる深刻な不正が相次ぎ発覚している。

電力小売り全面自由化と発送電分離は、10年前に始まった「電力システム改革」の大黒柱だ。小売り自由化は、都市ガス、通信など異業種の参入や大手電力の旧地域独占エリアを超えた販売を促し、自由で公正な競争を通じて電力ユーザーに選択の自由と価格面でのメリットを提供することを狙いとしている。発送電分離では、送配電事業を大手電力の親会社から分離させることで、独立系発電会社や新電力が大手電力の発電や販売部門よりも不利にならないように中立化するのが主眼だ。

そうした改革の大黒柱が、大手電力会社が引き起こした数々の不正行為によって倒壊寸前の状態になっているのだ。

不祥事のはじめとなったのが、独占禁止法違反行為であるカルテル問題だ。公正取引委員会（以下、公取委）が大手電力にメスを入れた。

カルテル発覚という激震

２０２１年4月に公取委は関西電力、中部電力、中国電力などに立ち入り検査を実施。同7月には関電、中国電に加え、九州電力にも立ち入った。

そして関電が主導する形で、２０２０年秋までの約2年にわたり、中部、中国、九州の4電力が西日本での電力販売で自社エリアを超えての販売をお互いに自粛するように合意を結んでいたと認定。公取委は２２年１２月１日までに、中国電など3社に課徴金納付命令などの処分案を通知した。

関電は経営幹部が各社にカルテルを持ちかけていながら、違反を真っ先に申告して公取委の調査に全面協力したことから、「リーニエンシー」（課徴金減免制度）に基づき課徴金の納付を免れるとみられている。他社からは「自分だけ抜け駆けとはとんでもない」との声も上がるが、公取委が設けた仕組みを駆使して難を逃れた。

「不祥事対応が鈍かった」（関係者）とされる中国電はカルテルの認定対象が西日本広域での工場など大口の電力販売全体に及んだことから、処分案での課徴金額は707億円と巨額になった。

中部電および販売子会社の中部電力ミライズは規模こそ中国電より大きいものの、グループの発電企業ＪＥＲＡから販売電力の大半を仕入れているため法改正前のルールで「卸売業」に区分され、課徴金額は対象となる売上高の２％に相当する２７５億円にとどまった。九電は公取委への協力姿勢が奏功し、課徴金額は２７億円と比較的軽微で済んだとされる。

公取委は各社に処分案に関する意見聴取を開始しており、今後、正式な処分を出す方針だ。

それまでに公取委が納付を命じた課徴金の最高額は、道路工事用アスファルト合材の販売をめぐるカルテルの約399億円だった。今般、処分案の段階で大手電力3社の課徴金総額は1000億円を上回っており、史上最高額を大幅に更新する見通し。日本企業の歴史に残る汚点となる。

中国電および中部電は処分案の内容を踏まえ、2023年3月期決算でそれぞれ707億円、275億円の特別損失を計上するとすでに発表している。

各社では役員クラスが関与していたとされることから、今後、経営トップを含めた責任問題に波及するのは必至だ。また、公取委の処分が確定した後には、株主代表訴訟が提起される可能性も高い。電気事業連合会の会長人事にも影響しそうだ。

現在、大手電力各社は電気料金値上げも進めている。そのうち経済産業省の認可が必要な規制料金については、中国電が値上げ申請を表明。手続きの過程では消費者庁との協議が必要になる。消費者担当相は、大手電力に厳しい姿勢を取る河野太郎衆議院議員が務めているだけに、「無傷では済まない」(政府関係者)とみられている。

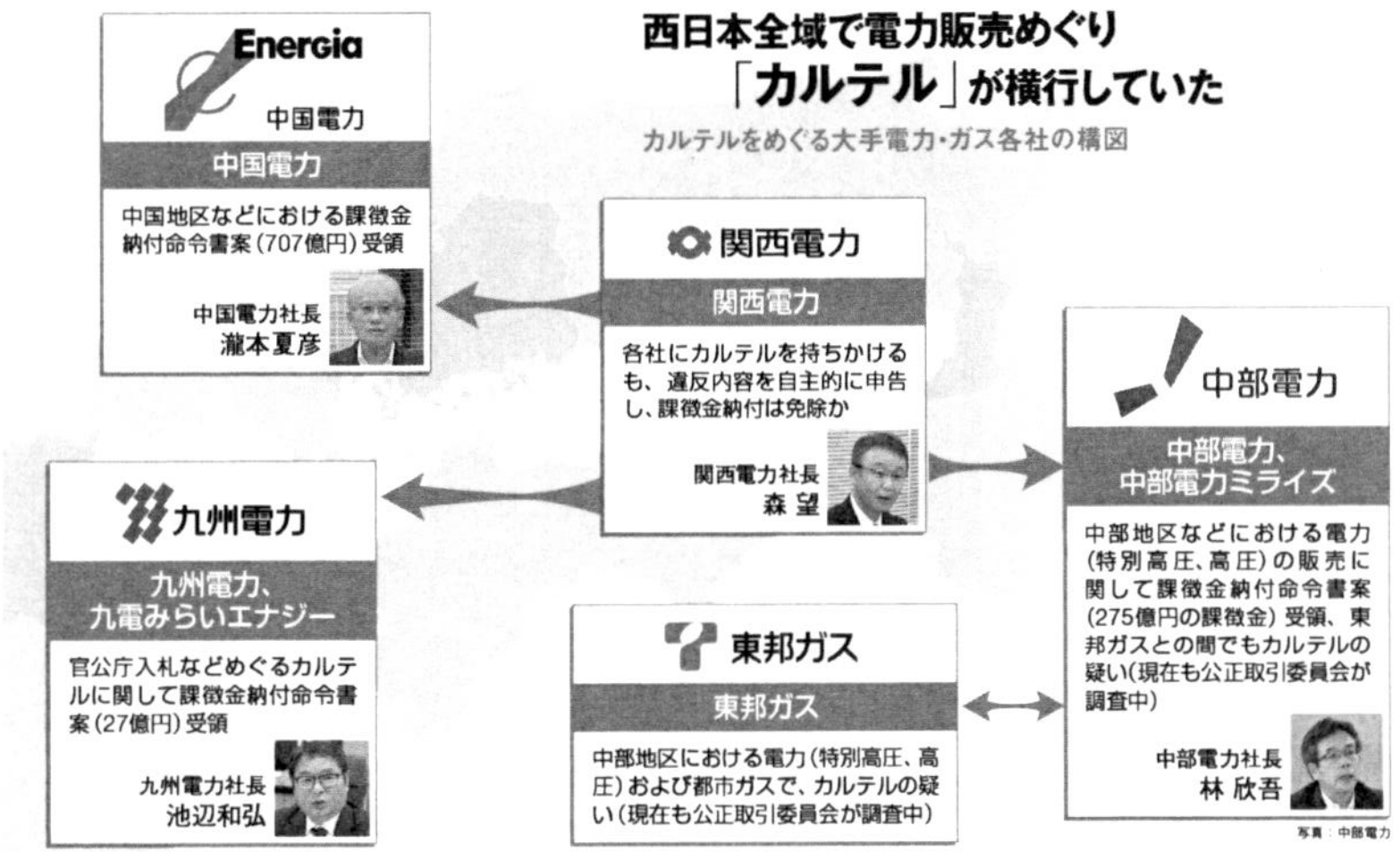
西日本全域で電力販売めぐり
「カルテル」が横行していた
カルテルをめぐる大手電力・ガス各社の構図
Energia
中国電力
中国電力
中国地区などにおける課徴金納付命令書案（707億円）受領
中国電力社長
瀧本夏彦
関西電力
関西電力
各社にカルテルを持ちかけるも、違反内容を自主的に申告し、課徴金納付は免除か
関西電力社長
森 望
中部電力
中部電力、中部電力ミライズ
中部地区などにおける電力（特別高圧、高圧）の販売に関して課徴金納付命令書案（275億円の課徴金）受領、東邦ガスとの間でもカルテルの疑い（現在も公正取引委員会が調査中）
中部電力社長
林 欣吾
写真：中部電力
九州電力
九州電力、九電みらいエナジー
官公庁入札などめぐるカルテルに関して課徴金納付命令書案（27億円）受領
九州電力社長
池辺和弘
東邦ガス
東邦ガス
中部地区における電力（特別高圧、高圧）および都市ガスで、カルテルの疑い（現在も公正取引委員会が調査中）

（出所）各社資料および取材を基に東洋経済作成

顧客情報漏洩も判明

カルテル問題の激震も収まらない2022年12月末、今度は大手電力の営業部門の社員が、新電力の顧客情報を不正に閲覧していた問題が持ち上がった。

発送電分離により分社化された大手電力の送配電子会社で「託送業務システム」と呼ばれる顧客管理システムに不備があり、大手電力の小売り部門のコンピューター端末から、新電力の顧客情報が閲覧できるようになっていたのだ。

この情報漏洩問題は関電で最初に発覚。小売り部門との情報遮断が不徹底だったことが判明したのは大手電力10社中、東京電力ホールディングスの小売子会社である東京電力エナジーパートナーと北海道電力を除く8社。また、顧客情報の不正閲覧が見つかった企業は関電、東北電力、九電、中部電、中国電、四国電力の6社に及んだ。

件数が多く悪質だとみられているのが関電だ。同社が1月13日に経産省の電力・ガス取引監視等委員会（電取委）に提出した報告書によれば、22年9月12日から12月12日までの3カ月間に、営業部門の社員および委託先企業社員の726人が、

1万4805件の新電力の顧客情報を不正に閲覧していた。その多くは「お客様からの申し出に対する契約状況の確認や問い合わせ対応のためだった」(関電)というが、「お客様への提案活動に利用するための閲覧」(同社)も全体の7%を占めていた。

同社が社員や委託先社員向けに行ったアンケートの回答者700人のうち閲覧者は627人。閲覧方法を知った経路で最も多かったのは「職場の同僚(部下を含む)から」で308人に上り、次いで「職場の上司」が137人(うち社員では3人)となった。

さらに驚くべきことには、回答者700人のうち、118人(16%)が「電気事業法上、問題になりうると認識していた」と回答。うち関電社員では239人中、102人(42%)がそのように考えていたという。他方、法違反を「認識していなかった」との回答は579人(82%)に上り、とくに委託先社員の間では96%の445人で認識がなかったという。関電社内でコンプライアンス意識が欠如していた一方、委託先では電気事業法などの法令についての知識が乏しかったことを物語る。

1月31日の記者会見で関電の森望社長は不正が常態化していたことについて、「コンプライアンス意識の徹底が不十分だった」と社内体制不備の事実を認めた。

相次ぐ不正の発覚を受けて、罰則の強化など抜本改革を求める声も出始めている。

「電力業界は、金融業界や不動産業界に比して行政上の処分が弱く、不祥事が継続発生する」

「自主的な取り組みや報告では自浄作用が働かず、違反行為の発見が遅れる」

電力やガスの契約切り替え支援ビジネスを展開するエネチェンジ（ENECHANGE）はこうした内容を記した意見書を作成し、政治家や関係省庁などに抜本改革を求める働きかけを始めた。同社の城口洋平代表取締役ＣＥＯ（最高経営責任者）は、「不正の再発を防ぐためには、他業種と同様、６カ月間の営業停止処分の実施が有効だ」と説明する。

そのうえで城口氏は「金融庁による金融検査レベルのチェック機能の強化、証券取引等監視委員会と同等の調査権限を電取委に付与すべきだ」と主張する。

今回の情報漏洩で明らかになったことの1つが、事実上罰則がなきに等しいという問題だ。

電気事業法では一般送配電事業者に顧客情報の目的外での提供を禁止している。また、小売事業者についても他社の顧客情報の提供を要求することを禁止している。これらの違反に経産相は業務改善命令を出すことができるが、是正されたと判断された場合には罰金などの罰則は科されず、ペナルティーは事実上なきに等しい。現に各大手電力の経営者は「コンプライアンスの徹底と再発防止」を誓い、批判をかわそうとしている。

証券取引におけるインサイダー取引の場合、不正行為と認定されただけで5年以下の懲役もしくは500万円以下の罰金またはその両方が科される。

こうした違いについて、城口氏は「大手電力は悪事を働かないという性善説に基づいて行政運営が行われている」と指摘する。

電取委の監視体制強化も必要

人員増強による電力・ガス取引監視等委員会（以下、電取委）のチェック体制強化も課題だ。これまで大手電力の送配電子会社には毎年、電取委が監査を実施しているが、情報漏洩を見抜けなかった。電取委事務局の担当者によれば、託送業務システムへのアクセスのログ（記録）が保存されていることは確認していたが、ログの中身の解析は実施していなかった。また、小売り部門のチェックはなかった。

チェックが緩いのをいいことに、関電では不正閲覧で入手した新電力の顧客情報を活用して自社への契約切り替えを働きかけていた。不正閲覧で得た情報を営業活動に利用していた社員が調査期間の3カ月間に30人いたことが判明している。ただ、関西電力送配電によれば、不正閲覧後に新電力から関電に契約の切り替えがあった顧客は3カ月で3538件もあり、不正の全容はつかめていない。

原発の再稼働が相次いで、価格競争力が回復した2017年以降、関電をはじめとした大手電力会社は廉価な料金を武器に、新電力に奪われた顧客の「取り戻し営業」を本格化させた。その過程で「新電力への契約切り替えを進めようとしている顧客を送配電部門からの情報を基に洗い出し、事前に連絡して値引きを提案し、つなぎ留めを図っているのではないか」との疑念が業界内で持ち上がっていた。今回の顧客情報漏洩はまさにその疑惑に信憑性があることを確信させるものにほかならない。

それにしても不可解なのは、多くの電力会社で不正閲覧できる状態が16年4月の電力小売り全面自由化以降続いていたにもかかわらず、社内で問題にされずに、不正が延々と続いていたことだ。

大手電力の元社員は「それには大手電力の体質が関係している。不正を見つけても見過ごす社員が多いことが問題だ」と指摘する。そのうえで同氏は「企業風土を変えたいと思ってもそれはかなわず、問題意識を持つ社員であるほど、退社せざるをえなくなる」という。

今後、カルテル、情報漏洩とともに「3点セット」になるとみられているのが、「競争環境の適切な確保」をめぐる問題だ。

公取委は2022年12月、大手電力や新電力などに電源の調達状況などについてアンケート調査を実施。「競合他社と比べて著しく不利な取り扱いをされたと思われる事例があるか」といった質問をし、大手電力の発電部門が、自社の小売り部門と新電力を不公平に扱っていないか解明しようとしている。

ただ、公取委の取り組みだけでは不十分だという指摘もある。電力取引に詳しい日本省電の久保欣也社長は「大手電力の発電部門にもメスを入れる必要がある」と説明する。「大手の発電部門は燃料高を利用して高値で電力を小売企業に販売する一方、長期契約で仕入れた安い燃料を市場で転売して利益を稼ぐこともできる。発電はJERAなど大手電力のシェアが著しく高い。当局は米国のように発電企業を厳しくチェックする仕組みを導入すべきだ」（久保氏）。

電力システム改革に詳しい都留文科大学の高橋洋教授は、「カルテルや情報漏洩の問題をめぐっては、罰則の明記・厳格化に加え、大手電力グループから送配電事業を資本面で切り離す『所有権分離』が必要だ」と指摘する。

相次ぐ不祥事は発送電分離の強化や厳罰導入も含めた抜本改革の好機ともいえる。

（岡田広行）

「電取委の改組、送配電切り離しを」

都留文科大学　教授・高橋　洋

高橋洋氏は経済産業省・総合資源エネルギー調査会委員などを歴任し、発送電分離など電力システム改革の制度設計に関与した。

――大手電力会社で相次ぐ不正行為をどうみていますか。

カルテルについては、かつて法律で地域独占が認められ、現在も圧倒的なシェアを持つ企業同士が競争をしないように申し合わせていたという点で、一般的なカルテルとは性格が異なる。報道によれば、関西電力の企画部門の幹部が持ちかけたのが発端だという。大手電力会社の経営の根幹に関わる問題だ。

顧客情報の漏洩については、情報遮断という電力会社が守るべき競争の基盤となるルールが守られていなかった。本来、どの小売電気事業者にも中立・公平な立場であるはずの大手電力グループの送配電子会社が、身内の小売り部門に競合先の新電力会社の顧客情報を7年にわたってオープンにしていたというのだからあきれた。これでは新電力は太刀打ちできない。

――当局による監視も機能していませんでした。

経産省の電力・ガス取引監視等委員会（電取委）はカルテルに気づかず、公正取引委員会が摘発した。情報漏洩についても、電取委は大手電力会社を監査しているのに、不正を見抜けなかった。

――再発防止のために、どうすべきでしょうか。

現状では罰則は事実上ない。罰則の明記・厳格化に加え、大手電力グループから送配電事業を資本面で切り離す「所有権分離」が必要だ。監視強化には、電取委の権限強化や委員の常勤化、公取委と同様の独立性の高い「三条委員会」への改組も考えるべきだ。

（聞き手・岡田広行）

高橋　洋（たかはし・ひろし）

東京大学、富士通総研などを経て現職。内閣府再生可能エネルギー規制総点検タスクフォース構成員。

サハリン2は早晩停止のリスクも

「ガス危機」の長期化に備えよ

エネルギーアナリスト　金曜懇話会代表世話人・岩瀬　昇

ウクライナでの開戦から間もなく1年。だが、「プーチンの戦争」は終わる気配を見せていない。

2022年2月24日、ロシアはウクライナへの全面侵攻を開始した。プーチン大統領は短期決戦をもくろんでいたが、意に反し長期戦を強いられている。

その影響は広範囲に及んでいる。中でも、EU（欧州連合）がロシアに依存していた石油や天然ガスの供給をめぐる問題は深刻だ。価格は高騰し、世界中が「エネルギー危機」に見舞われている。

これは1970年代の「オイルショック」の再来だろうか。

いや「ガス危機」だ。今、供給不足が懸念されているのは石油ではなくガスであり、価格が高騰しているのもガスなのだ。

例えば、直近の価格を10年前と比べると、原油は20％下落したのに対して、ガスは2倍に高騰している。同じように2022年の最高値を比較すると、原油はせいぜい1・2倍だが、ガスは何と11倍にまで跳ね上がった。

なぜ「オイルショック」ではなく「ガス危機」なのか。日本の大手石油会社は22年5月、G7（主要7カ国）合意を尊重していち早く「サハリン1」などロシア産原油の引き取り停止を発表した。だが原油不足にはなっていない。

コモディティー化が進んでいる原油は、世界全体の需給バランスが価格の決め手となる。ロシアからの原油供給はその一部でしかないのだ。

一方、ガスには別の事情がある。筆者は、EU官僚の誤認に基づく政策が「ガス危機」を引き起こした、と判断している。

EU官僚は、ガスも原油と同じようにコモディティー化していると誤認して、

2009年に「第3次エネルギー政策パッケージ」を打ち出し、「自由化」「市場化」を強力に推し進めてきた。要は長期契約をやめてスポットにしよう、価格も石油価格リンクをやめてTTF（オランダのガス価格指標）リンクにしよう、というものだ。

だが、この政策には「エネルギーセキュリティー」（エネルギー安全保障）への視点が欠落していた。ガスの長距離輸送は、気体のままパイプライン（PL）を使うか、低温冷却しLNG（液化天然ガス）化しなければできない。ロシアがPL供給を止めたら、EUは緊急対応ができないのだ。

この誤謬を、プーチンは見逃さなかった。徐々に供給を絞り、ガスを「武器」として「エネルギー戦争」を挑んできたのだ。狙いは西側の分断であり、経済制裁の停止・緩和だった。

プーチンの意図は、次の図に示すようにPLガス供給量推移を見れば明らかだ。2022年8月末、ロシアと欧州をつなぐ最大能力のPL「ノルドストリーム1」（年間550億立方メートル）を完全に止めた。「このまま冬が到来すれば凍え苦しむ」との恐怖にEUを陥れようとしたのだ。

欧州を恐怖に陥れたプーチン

ロシア産ガスの欧州向けPL供給量

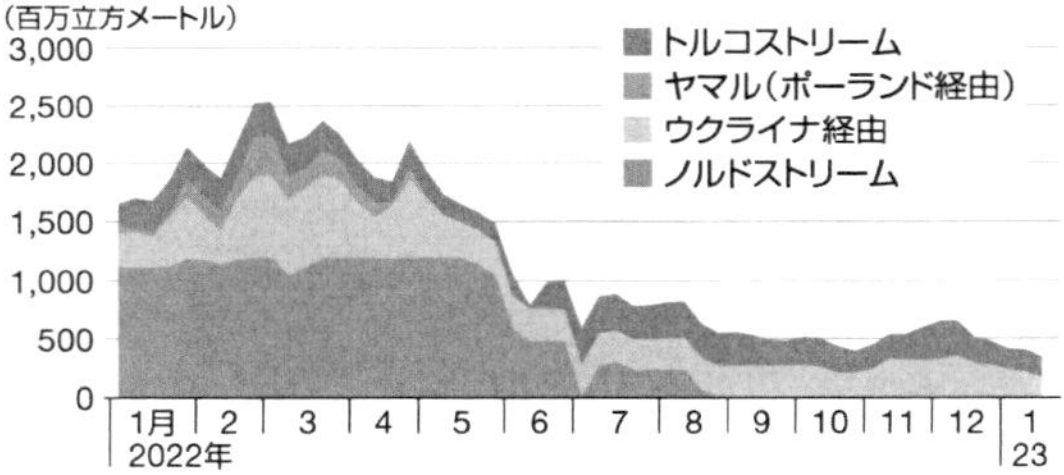

(出所) Bruegel "European natural gas imports"

何とかこの冬を乗り切った欧州

欧州天然ガス貯蔵量の推移

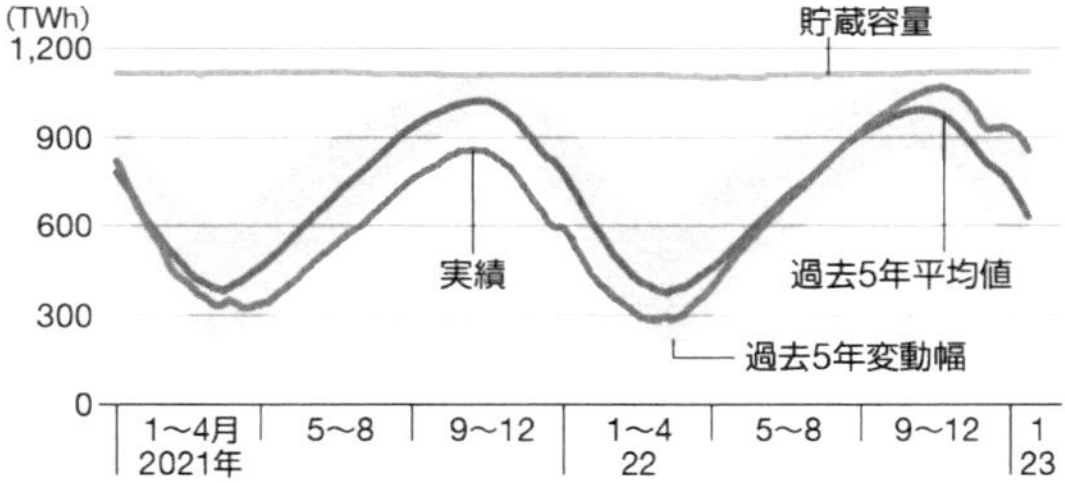

(出所) JOGMEC

だが、EUは必死になって対抗策を実行した。ガス消費量の15%削減、ノルウェーなどからのPLガス供給極大化、停止計画のあった原子力・石炭火力発電所の再活用、再生可能エネルギーの拡張、さらにLNGを買い集め、10月末のガス貯蔵率（能力1180億立方メートル）を80%以上とすること、などだ。暖冬という天の恵みもあり、EUはプーチンのもくろみを打ち砕いた。

だが、戦いは終わっていない。次の冬も、その次の冬もガス危機は続く。プーチンの次の手は何か。筆者は、LNGだとみている。

前述したようにEUは2022年、可能な限りのLNGを輸入した。欧州委員会によると約7200万トンのLNGを輸入している。21年より2900万トンも多い数量だ。

EUにこれだけ大量の追加輸入ができたのは、「ゼロコロナ」政策により経済活動を縮小していた中国をはじめ、アジア諸国が輸入量を大幅に減らしていたからだった。

JOGMEC（エネルギー・金属鉱物資源機構）によると、2022年1～11月の中国のLNG輸入量は前年同期比20%（1480万トン）減の5680万トン。

日本、韓国、台湾も輸入量が減少しており、日中韓台の4カ国で前年同期比11％（2188万トン）減の1億7704万トンとなっている。

単純計算では2022年通年で、日中韓台4カ国は21年対比で2387万トンも輸入量が少なくなる。これがEUの大量輸入を可能にしたのだ。

では、2023年はどうなるだろうか？　中国は2022年12月26日にゼロコロナ政策の放棄を発表した。春節が明けて、中国の経済活動は本格的に再開するだろう。中国がもし21年並みの規模のLNGを輸入すると、市場から1600万トン以上も吸い上げることになる。

2021年のLNG総取引量は3億7000万トン、そのうちスポット契約は約3割の1億1600万トン。中国が吸い上げるだろう1600万トンは決して小さな数量ではない。EUが22年と同じ量のLNGを購入することは極めて難しくなるだろう。

また、プーチンが新たにEUとG7向けに「LNGの禁輸」に出る可能性もゼロではない。中長期的には、ロシア産ＬＮＧがＥＵとＧ７以外の市場に流れ、ロシア以外の市場から購入すればよいだけなので、狙った効果は出なくなるものの、当座の混乱は必至だ。

日本を襲うLNG危機

２０２１年のロシア産ＬＮＧの輸出量は合計２９００万トン。そのうちＥＵ向けが１２８０万トン、Ｇ７メンバーである英国向けが２２０万トン、日本向けが６５０万トンとなっている。主な出荷地は北極海に面した「ヤマルＬＮＧ」と、極東ロシアのＬＮＧプロジェクト「サハリン２」（三井物産が１２・５％、三菱商事が１０％出資）だ。

ＬＮＧの禁輸まで発展せずとも、日本には真剣に留意すべき事態がある。オペレーター（操業主体）であった英石油大手シェルが撤退した後のサハリン２の生産だ。シェルの撤退に伴い、現地へ出向していたエンジニアは引き揚げてしまった。禁輸制裁により欧米から新たな部品・技術ノウハウの輸入はできない。通常の操業を続けられるとしても、部品の交換が必要な時期が来るのは必定だ。それは1年後か2年後か、はたまた3年後か。

それまでの期間に想定外のトラブルが発生した場合、これまではシェルの支援が期待できたが、今後はロシア勢だけで立ち向かわなければならない。これは大きな不安材料だ。

日本は権益問題をめぐってはこれまでどおり最大限のリターンを得るべく交渉を続けるべきだろう。他方で、サハリン2からのLNG供給は「早晩止まる」との前提で、新たな調達先を獲得するなどの対策を早急に立てる必要がある。

岩瀬　昇（いわせ・のぼる）
1948年生まれ。71年三井物産入社。三井石油開発常務執行役員などを務める。退任後は講演・執筆活動を続けている。近著に『武器としてのエネルギー地政学』（ビジネス社）。

ドイツ「産業空洞化」のリスク

ドイツ在住ジャーナリスト・熊谷　徹

「電力調達費用の高騰により、２０２３年1月から電力料金を約2倍に引き上げる」

２０２２年１１月3日に、ドイツ・ミュンヘン市の地域エネルギー供給会社シュタットヴェルケ・ミュンヘン（ＳＷＭ）が行った発表は、市民と企業を驚愕させた。

毎年２５００キロワット時の電力を消費する家庭が月々支払う電力料金は、これまでの６３ユーロ（８８２０円）から１２３％増えて、１４０ユーロ（１万９６００円）になる。年間の電力料金は、７５３ユーロ（１０万５４２０円）から１６７６ユーロ（２３万４６４０円）に高騰する。

同社は同２２年１０月１８日にガス料金の引き上げも発表している。毎年２万キロワット時のガスを消費する家庭では、月々支払うガス代が159ユーロ（2万2260円）から、307ユーロ（4万2980円）に増えた。93％の増加である。1年間の電気とガスの負担額を計算すると、約38万円も増えて、約75万円になる。

1年間のガス・電気代が約38万円増加

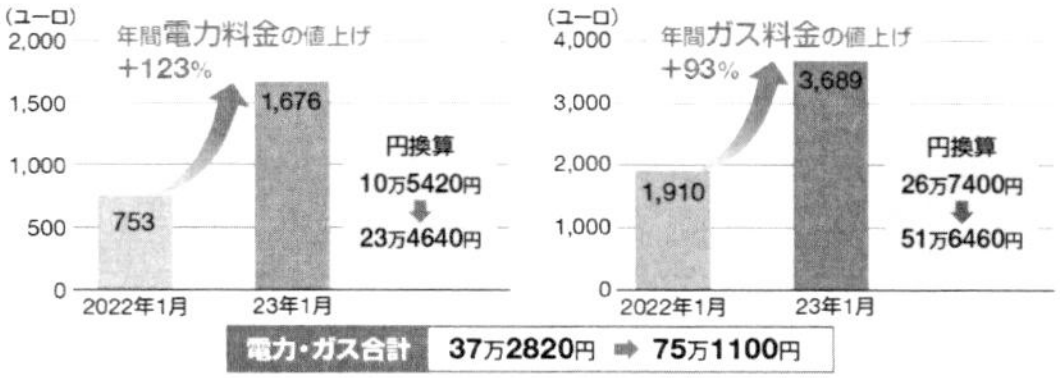

(注)ミュンヘンの地域エネルギー供給会社(シュタットヴェルケ・ミュンヘン)の例。電力料金は2022年11月3日発表、年間電力消費量が2500kWhの2人家族の標準世帯。ガス料金は22年10月18日発表、年間ガス消費量が2万kWhの標準世帯
(出所)シュタットヴェルケ・ミュンヘンのウェブサイト

価格高騰の最大の原因は、ロシア産ガスの供給停止だ。ロシアとドイツを結ぶ海底パイプライン「ノルドストリーム」のガス供給停止が懸念され、2022年8月に欧州のガス価格指標であるTTFは、1メガワット時の価格が一時300ユーロを超えた。これは21年8月に比べて約6倍への上昇だ。欧州では、ガス価格が上がると電力価格も上がる。メリットオーダーの原則（電力の卸売価格が、最も高価な電源により決定される原則）により、価格が連動しているからだ。

ドイツでは年金生活者の27・8％に当たる約490万人が、月1000ユーロ（14万円）以下の年金で、約370万人の長期失業者たちは、毎月約500ユーロの援助金で暮らしている。彼らにとって、電気代やガス代の大幅な引き上げは命に関わる打撃である。ドイツの電力会社は滞納額が100ユーロを超えると、通電を止めることを許されている。

2022年夏には、多くの企業経営者たちも法外な請求書を突きつけられた。バイエルン州北西部のプラットリング市のヘーフェレ社は、バスタブ、シンクの製造などを行っている。従業員230人の中小企業だ。ところが地元の電力会社は22年9月に、電力調達価格が高騰したという理由で、「23年1月1日から電力料金を1キロワット時当たり5・5セント（7・7円）から70セント（98円）に引き上げる」と通告した。12・7倍への値上げだ。ヘーフェレ社はこれを拒否し、電力会社を替えざるをえなかった。

ドイツ自動車工業会（VDA）が2022年9月に公表したアンケート結果によると、103社の回答企業のうち41％が、「電力料金が少なくとも倍増した」と答え、53％が「電力料金上昇のため投資を延期または中止した」と答えた。

部品メーカーの4割で電力料金が倍増

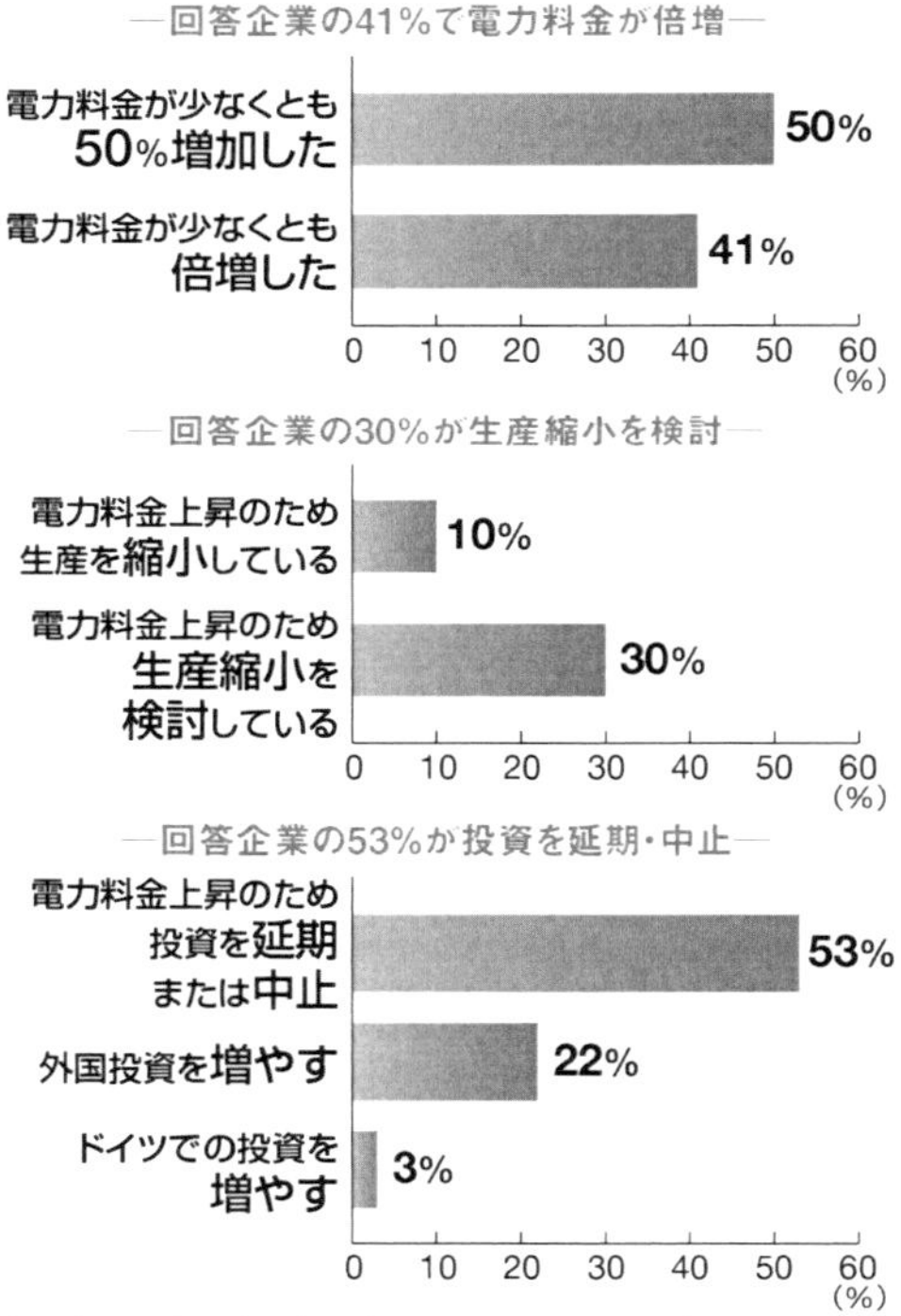

(出所)ドイツ自動車工業会(VDA)のアンケート結果(2022年9月23日発表、自動車部品メーカーなど103社に対して実施)

ガス消費量が多い製紙、陶器、ガラス、屋根瓦などのメーカーの中にも、料金が2～3倍になると通告されて、生産を縮小したり、廃業したりする企業が現れた。トイレットペーパーのメーカー・ハクレ社は、22年9月、ガス費用の急騰に耐え切れず倒産した。

信用調査機関クレディート・レフォルム社は22年12月、「ドイツの企業倒産件数はリーマンショック後の2009年以降で初めて、増加傾向を示した」と発表した。ドイツでは2009年以降、好景気のために企業倒産件数は年々減っていたが、2022年には前年に比べて4％増えたのだ。

エネルギー高騰のため、2022年ドイツの消費者物価上昇率は7・9％に達した。これは1949年のドイツ建国以来最高の水準だ。

市民が貧困状態に陥ったり、多数の企業が生産停止に追い込まれたりするのを防ぐため、ドイツ政府は23年1月から24年4月まで、約2000億ユーロ（28兆円）を投じて、需要家の電力・ガス料金負担に、部分的に上限を設定している。

例えば、家庭と中小企業のガス消費量の80％について、1キロワット時当たり12セント（16・8円）の上限を設けた。これは22年第4四半期（10～12月）の平均ガス料金20セントに比べて4割低い。電力についても1キロワット時当たり40セント（56円）の上限を設定した。産業界については、ガス消費量・電力消費量の70％にそれぞれ1キロワット時当たり7セント、13セントの上限を設けている。

ガス緊急事態は回避へ

ドイツ政府は、冬に深刻なガス不足が生じた場合、緊急事態を発令し製造企業約4万社のガス供給量を制限することも準備していた。IFO経済研究所は、22年9月に「政府によってガス供給量が制限された場合、ドイツは深刻な景気後退に陥り、2023年にはGDPが前年比で7・9％減る可能性がある」と警告していた。

しかし、今のところ、ガス不足は発生していない。ドイツ政府は、「地下ガス貯蔵設備の充填率が23年2月1日に40％を割った場合、緊急事態の発令が必要になる」としていたが、23年1月30日の充填率は約79％と冬にしては高い水準にある。このため連邦系統規制庁（BNetzA）のクラウス・ミュラー長官は、「この冬にガス不足が発生するリスクは、ほぼゼロになった」と発言している。

その理由はいくつかある。1つは、22年12月から23年1月上旬までドイツで記録的暖冬が続き、暖房のためのガス消費量が減ったことだ。大みそかの気温は20度に達した。もう1つの理由は、節約努力だ。連邦系統規制庁によると、22年のドイツのガス消費量は、前年比で17・6％も減った。価格高騰も影響し、製造業界の22年のガス消費量は、その前の4年間（18〜21年）の平均消費量に比べて、約15％少なかった。ノルウェー、オランダ、ベルギーなどがドイツに着実にガスを送り続けたことも、充填率の大幅な低下を防いだ。

ガス不足の懸念が後退し、足元のガス卸売価格は1メガワット時＝約59ユーロ（1月末）と、ウクライナ戦争前の水準に近づいている。

しかしまだ楽観は禁物だ。2022年ロシアは1~8月に、ドイツに約3138億キロワット時のガスを供給した。23年ドイツは、ロシアに頼らずに、11月1日の貯蔵設備の充填率を95%まで引き上げなくてはならない。

ロシア以外からのガス調達を増やすために、2022年にドイツは3カ所でLNG(液化天然ガス)の陸揚げターミナルを建設し始めたが、完成は26年になる。連邦系統規制庁のミュラー長官は、「大きなリスク要因は、ノルウェーから西欧にガスを送る海底パイプラインが使えなくなることだ」と語る。

実際、22年9月26日には、何者かがロシア―ドイツ間の海底パイプライン、ノルドストリーム1と2を爆破した。犯人は不明だが、北大西洋条約機構(NATO)は、ロシアによる破壊工作とみている。ドイツのガス輸入量の約33%に当たるノルウェーからのガスが途絶すると、ドイツ経済は窮地に追い込まれる。

ロシアのウクライナ侵攻はドイツ産業界の競争力を明らかにそいだ。1973年以来、ドイツは割安なロシアのガスを大量に輸入して、高級車や工作機械など付加価値の高い製品を外国に輸出してきた。だがロシアのウクライナ侵攻によって、このビジネスモデルは破綻した。割高なLNGの調達比率が増えることで、今後もガス費用は上昇するだろう。

政府の補助金によるエネルギー費用の負担緩和も、2024年5月に終わる。IEA（国際エネルギー機関）によると、米国のガス火力発電所、石炭火力発電所で電力1メガワット時を発電するための燃料コストは、EU（欧州連合）域内の半分以下となっている。ドイツの製造業界では、「この国のガスや電力の料金は、もはや戦争前の水準には戻らない。将来はエネルギー料金が安い米国での工場建設を増やす」と公言する経営者が増えている。

さらに22年8月に米バイデン政権が成立させた「インフレ抑制法（IRA）」には、再生可能エネルギーなどへの多額の補助金が含まれる。エネルギー費用の高さは、ドイツの生産施設を米国に流出させる危険がある。ドイツ政府にとっては、製造業の空洞化を防ぐことが喫緊の課題となっている。

再エネと安全保障

最後に欧州のエネルギー政策について付記したい。日本の一部メディアでは、「ドイツはウクライナ戦争をきっかけとして、脱石炭・脱原子力政策を撤回しつつある」と報じられている。

だが石炭火力発電所の再稼働や原子力発電所の運転期間3カ月半延長は、冬の電力不足を避けるための短期的な緊急避難措置にすぎない。中長期的には、ドイツとEUは再エネ拡大とグリーン水素の実用化によって、化石燃料への依存から脱却しようとしている。

例えば、ドイツ政府は2022年3月、再エネ拡大や製造業の非炭素化のための「気候保護・エネルギー転換基金」の資金規模を1100億ユーロ（15・4兆円）から約2倍の2000億ユーロ（28兆円）に増やした。公共の建物が新設される場合には、太陽光発電パネルの設置を義務づけることなどにより、太陽光発電設備の容量を、21年の5873万キロワットから、2030年には2億1500万キロワットに増やす。陸上風力発電設備の容量も5609万キロワットから1億1500万キロワットに増やす。

脱石炭を当初目標の2038年から8年早める方針や、2045年のカーボンニュートラル達成の目標も変えていない。EUは2022年5月、ロシアの化石燃料への依存を終えるために、2030年までに再エネに3000億ユーロ（42兆円）を投資する方針を明らかにした。

ドイツ政府は、建設中のLNG陸揚げターミナルを、将来グリーン水素やグリーンアンモニアの陸揚げに使う。電力会社も、ナミビアやカナダ、ノルウェーなどから水素やアンモニアを輸入するほか、2030年以降ガス火力発電所の燃料の50％に水素を使い、将来は100％に引き上げる。褐炭火力中心だった大手電力RWEやLEAGも、再エネ中心の企業に転身する。

ロシアのウクライナ侵攻により、欧州はエネルギー自給率を高めることの重要性に目覚めた。「エネルギー安全保障」強化の新目標は、再エネ拡大を加速させるだろう。

熊谷　徹（くまがい・とおる）
ドイツを拠点としてエネルギー・環境問題を中心に執筆。元NHKワシントン特派員。『偽りの帝国』『日本とドイツ　ふたつの「戦後」』『欧州分裂クライシス』など著書多数。

ダイキンやパナが増産投資

日本の「ヒートポンプ式暖房」が欧州で爆売れ

欧州の家庭で今、空前のヒットとなっている日本企業の製品がある。ヒートポンプ式の暖房設備だ。シェア約20％と首位のダイキン工業を筆頭に、パナソニックや三菱電機、富士通ゼネラルなどが製品を展開しており、「21年度は販売台数が7割弱伸びた」（ダイキン）。生産が追いつかず、各社がバックオーダーを抱えるほどの盛況ぶりだ。

ヒートポンプとは、空気中にある熱を集めて圧縮機にかけ、冷媒を電気で圧縮することで室内に運ぶ技術のこと。日本では給湯器の「エコキュート」に使われる技術として知られる。欧州では建物全体を一元的に制御するセントラル空調が基本。現在は、ボイラーでガスや石油などの燃料を燃やして水を温め、各部屋に設置したラジエーターや床暖房などに温水を循環させる「燃焼暖房」が普及している。

だがここ数年、新築戸建て住宅を中心にヒートポンプを採用する動きが加速している。ドイツ在住のジャーナリスト、高松平藏氏は「ドイツでは20年ほど前から断熱性能などに優れた『パッシブハウス』と呼ばれる省エネ住宅が普及しており、その暖房設備としてヒートポンプ式を入れるケースが多い」と語る。

最大の特徴は、CO_2（二酸化炭素）の排出量削減につながる高い省エネ性能にある。空気中にある熱を活用するため、1単位の電気量に対して3～4倍の暖房効果を得ることができる。IEA（国際エネルギー機関）によれば、そのエネルギー消費量はガスボイラーの55％ほど。欧州では2009年に再生可能エネルギーとして認定されている。

エアコンなどで培った省エネ技術を応用し、ダイキンは2006年、パナソニックは2008年から欧州でヒートポンプ式暖房を販売。かねて環境意識が高い市民には知られていたが、ネックは高い初期費用だった。温水タンクや室外機などの設置工事費を含めると、200万〜300万円の出費となる。

それがコロナ禍をきっかけに環境は一変した。コロナ復興基金を充てるグリーンディール政策の下でEU（欧州連合）各国は購入支援策を打ち出す。フランスでは、ボイラー式からヒートポンプ式への更新で費用総額の最大7割を税還付。イタリアでは100%を税控除する。

さらに需要を後押ししたのが、ウクライナ危機を受けた光熱費の暴騰だ。国や製品性能によって差はあるが、「ヒートポンプ式の場合はボイラー式と比べて2割弱の光熱費節約になるという試算もある」（ダイキン）。ロシア産ガスに頼らない暖房として、2021年に約600万台だった設備台数は、22年に4〜5割伸びた。

この需要は単なるバブルではなさそうだ。現在、欧州の住宅におけるヒートポンプ導入率は6%程度だが、欧州委員会は2022年5月の「リパワーEU計画」で建物の省エネ促進を提言し、導入割合を今後5年で倍増させると発表。

ダイキンは「2035年には販売されるほぼすべての家庭用暖房がヒートポンプに

置き換わる」（ダイキンヨーロッパの亀川隆行副社長）との見立てから、約420億円をかけて初のヒートポンプ専用工場をポーランドに建設し、24年7月に稼働を開始する。既存の3工場も増強し、生産能力を全体で4倍に引き上げる。

シェア上位につけるパナソニックも、25年度までに約500億円を投じ、枠内でチェコ、マレーシア工場を増強。チェコ工場では、テレビのラインを切り替えた。「狙える市場は大きい。追加投資を含めて、機動的に検討していく」（パナソニック空質空調社の道浦正治社長）。

欧州以外でも、豪州や北米は今後有望な市場になりそうだ。世界のCO2排出量のうち、建物はその3割を占める。家庭の省エネの切り札として、日本発の製品の躍進が期待される。

（印南志帆）

国内最大級の陸上風力に地元から「待った」

「再生可能エネルギーだったら何をやってもいいのか。どこで、何をやってもいいのか」

声を震わせて苦言を呈したのは、青森県の三村申吾知事。2022年8月の定例会見で、県内で計画中の陸上風力発電事業について記者に問われた際の一幕である。

その計画とは、青森県の中央部を走る八甲田連峰を中心とする「(仮称）みちのく風力発電事業（みちのく事業）」。手がけるのは、豊田通商の完全子会社で風力発電の国内最大手、ユーラスエナジーホールディングス（HD）だ。

2030年に運転開始を予定するみちのく事業は、実現すれば国内最大級の陸上風力となる。計画地は道路を挟んで北と南のエリアに分かれ、青森市、十和田市、平内町、野辺地町、七戸町、東北町の6自治体、1万7300ヘクタールにも及ぶ。高さ200メートル級の風車が最大150基（最大出力は60万キロワット）、山の尾根沿いに立ち並ぶ（当初計画）。陸上風力事業が許認可を得るには環境アセスメントを経る必要があり、現在は最初のアセス図書である「配慮書」まで提出した段階である。

国立公園内の計画を見直し
（仮称）みちのく風力発電事業の計画区域

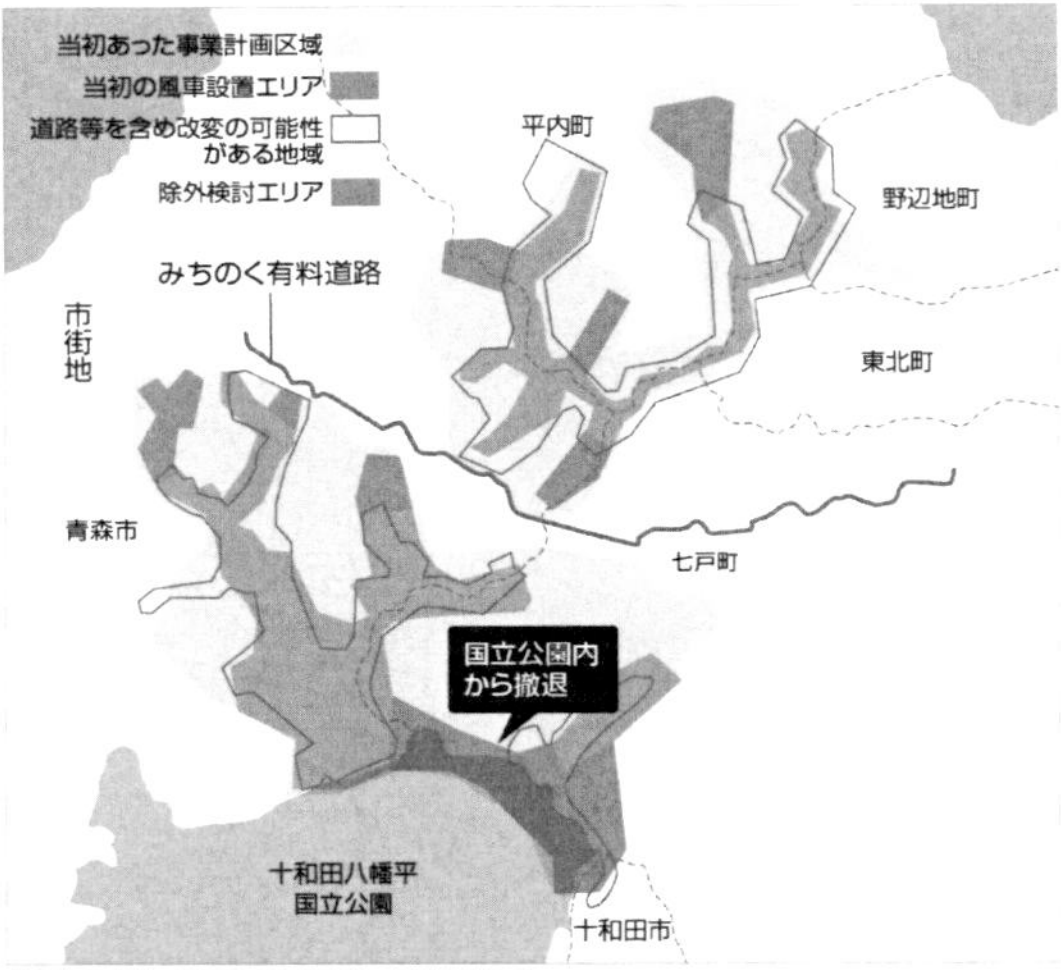

（出所）同事業の配慮書と取材を基に東洋経済作成

青森県・八甲田山からの風景。眼下の尾根ほぼすべてが（仮称）みちのく風力発電事業の計画地で、高さ200mの風車が建つ計画

ユーラスがこの地に陸上風力を計画したのは、「風況のよさが最大の理由」（陸上風力の開発を担当する秋吉優副社長）。平地で陸上風力の適地が少なくなる中、ここ5年ほどはほかの事業者を含めて山間部への計画が目立つ。みちのく事業の場合、近くに送電線があるのも決め手となった。

こうした大規模計画は、再エネを推進する日本の政策とも一致する。現行のエネルギー基本計画の下では、30年度時点に陸上風力を19年度比4倍超となる約18ギガワットまで拡大する目標だ。

だが、みちのく事業に対する逆風は強まるばかりだ。冒頭の三村青森県知事に加え、平内町、七戸町の町長がすでに反対の意を示している。直近では、2022年12月の青森市議会で事業の中止を求める請願と意見書が全会一致で採択・可決された。市民団体や環境保護団体も、計画の見直しや中止を要望している。こうした状況を受けて、ユーラスは22年秋に予定していたアセス書の第2段階、「方法書」の提出延期を余儀なくされた。

国立公園内も計画地に

反対派の懸念はどこにあるのか。焦点の1つとなるのが、事業による自然環境の破壊だ。日本自然保護協会の若松伸彦氏の調査によれば、みちのく事業の計画地は原生的な森林がその75％を占める。とくに南側のエリアには「十和田八幡平国立公園」もあり、樹齢300年を超える樹木が生い茂っている。「事業者の中でもとくにユーラスは複数の案件で環境への配慮に欠ける。最大手ゆえに、これが業界の普通だと思われることを恐れている」（若松氏）。

計画地は、イヌワシやクマタカなど貴重な猛禽類の生息地でもあり、ブレード（風車の羽根）に鳥がぶつかるバードストライクの危険もある。「猛禽類は視野が狭いため、餌を見つけるために下を見ている際に上からブレードが迫ってきても気がつかない」（日本野鳥の会の浦達也主任研究員）。

ユーラス側も譲歩の姿勢を見せる。22年初夏には、設置する風車を3割削減する案を表明。除外検討エリアには、市街地近くや国立公園内も含まれている。

それでも地元の不信感は拭えない。山岳ガイドで、市民団体「Protect Hakkoda（プロテクト八甲田）」の責任者である川崎恭子氏はこう語る。「公園内への風車の設置は取りやめたが、資材搬入路をつくる計画は変えていない。南側エリアで事業をやるには必須だからだ。ユーラスは既存の林道を拡幅して自然環境への影響を少なくするというが、ブレードや支柱を運ぶためには大規模な土地改変が避けられない」。

道路を拡幅する際の自然環境への配慮策として、ユーラスは「貴重な植物があったら一時期移植をして搬入が終わったら元に戻すなど、できるだけ環境負荷が少ない方法を検討している」と語る。だが一度自然に手を加えたら、原状回復は難しいとの見方もある。

事業者と反対派との議論は平行線だ。ユーラスは、「総意として事業に賛成してもらわないと進められない」（秋吉副社長）として、近々、関係者説明会を開く。ただ制度上は、自治体や住民の反対があっても計画を進めることが可能だ。「総意としての賛成」をどのレベルに設定するのか、今後企業としての姿勢が問われるだろう。

地元との調整に難航するのはユーラスだけではない。陸上風力への反対運動は全国で散発しており、その影響もあって環境アセスの初期段階で事業を廃止する件数は増加している。2022年には大和エネルギーが計画する佐賀県唐津市の事業、関西電力が宮城県の蔵王連峰で進めていた事業などが、地元からの反対を受けて撤退を表明した。

計画廃止件数は増加傾向

環境アセス対象の陸上風力の事業廃止件数

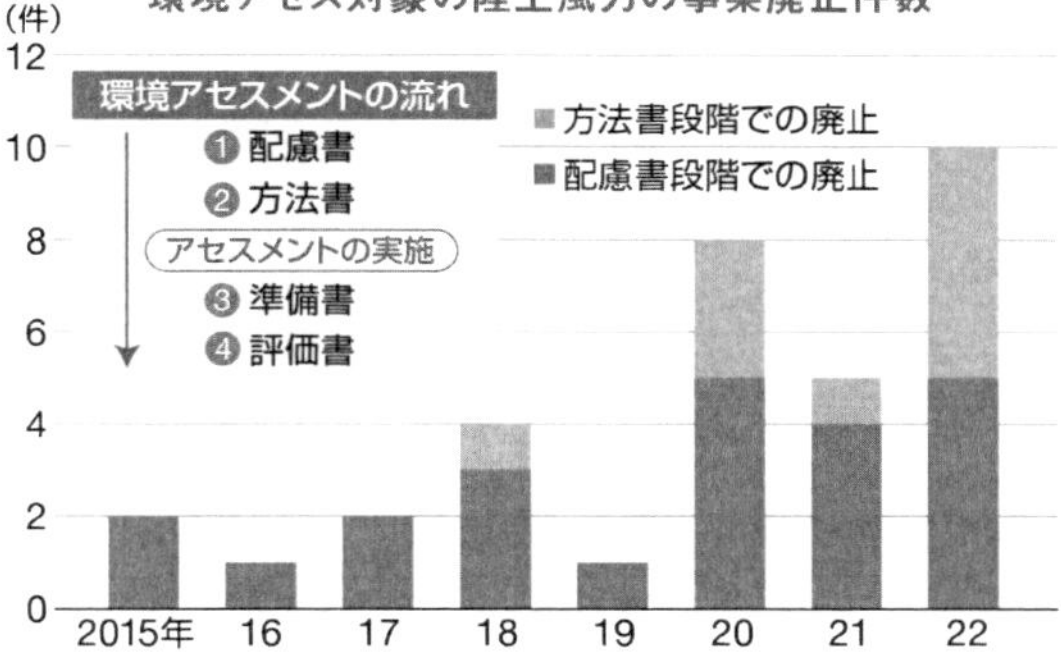

(注)事業廃止件数は環境省が把握しているもののみ計上されており、実際はさらに多い

(出所)環境省「環境アセスメント事例情報」を基に日本自然保護協会の若松伸彦氏が作成

風力発電を拡大したい国は対策を講じる。22年10月には手間のかかる環境アセスの緩和へ風力発電のアセス対象を1万キロワットから5万キロワット以上に変えた。同4月には、自治体が再エネの「促進区域」を設定できるようになった。絶滅危惧種の生息域などをあらかじめ除外し、それ以外のエリアから抽出する。地域トラブルを回避し、環境影響が少ない土地に事業を誘導する狙いがある。が、風力発電の促進区域に手を挙げた自治体はゼロ。気候変動対策としての再エネ拡大により自然環境が脅かされれば、「見せかけの環境配慮」のそしりは免れない。

（印南志帆）

「風況のいい立地で国民経済にも価値」

ユーラスエナジーホールディングス
副社長執行役員（開発担当）・秋吉　優

完成すれば国内最大級となる「（仮称）みちのく風力発電事業」だが、反対運動は過熱している。合意形成はなぜ難航しているのか。ユーラスエナジーホールディングスで陸上風力を担当する秋吉優副社長が取材に応じた。

――2022年末に青森市議会が計画の中止を求める意見書を可決するなど、反発が強まっています。

計画の規模縮小を検討することは、2022年の春先時点ですでに地元に説明していた。だが説明後にここまで地元から反対が出たことに対しては、われわれの情報発信が不十分だったと反省している。

――地元住民から、2021年9月に出された環境アセスメント図書「配慮書」で計画を知り、規模の大きさに驚いたという声を聞きます。

われわれは配慮書を出す前の段階で、（計画地が関係する）すべての自治体にご説明に伺っている。その際に「この地区は事前に説明をしておいたほうがいい」「八甲田の観光協会への説明は重要だ」といった助言をもらい、そのとおり説明に回った。この段階で、明確に疑念を示す意見は出なかった。

そこで2021年9月に配慮書を提出するに至った。するとそこで初めて計画を目にした一般の方が驚いてしまった。必要な関係者に事前説明をしたつもりだったが、もっと丁寧にやっておけばよかった。

――配慮書を出す前に、一般住民への説明を手厚くすべきだったと。

一般の方の声に直接触れる機会がなかったのは事実だ。とはいえあれだけ規模が大きく、関連する自治体が多い案件だ。進め方としては自治体からアドバイスをもらうくらいしかなかった。

――原生的な自然が残る八甲田連峰を計画地に選んだ理由とは。

風力発電にとって最も大切なのは風況がいいこと。平地での適地がなくなりつつある今、当社以外の事業者も含めて山へ、山へと向かっている。ここを選んだのも風況のよさが最大の理由。風況がいいと発電コストが下げられ、ひいては国民経済にとって価値がある。政府が目標に掲げる2050年のカーボンニュートラルにも合致する。

計画の際に当社が最も気にしているのは、大きな機材を山の上に運ぶための輸送路の造成だ。これによる自然環境への悪影響を少なくしたい。既存の道路を利用できるなど、極力新たな土地造成をせずに済む場所を選んでいる。

――事業は地元経済の活性化につながるのでしょうか。

工事の元請けは県外のゼネコンになるが、必ず地元の工事会社を活用してもらうよう依願いしている。また青森県ではすでに当社の風力発電所が6カ所稼働しており、機材のメンテナンス要員などを20名ほど雇用している。製造業のように大人数ではないが、地元にはそれなりに貢献できている。

――今後の計画の進め方は。

地元の一般の方や自治体の総意として事業に賛成してもらわないと進められない。具体的には、近々にもう一度、今検討している計画についてすべての関係者に説明する機会をつくるつもりだ。

（聞き手・印南志帆）

秋吉　優（あきよし・まさる）

1983年、総合商社のトーメン（現、豊田通商）入社。電力事業本部などを経て、2003年にユーラスエナジーホールディングスに転籍、日本子会社の事業開発第一部長などを経て14年に執行役員、22年9月から現職。

規制部門は縮小の一方、金集めに奔走

「ミニ経産省」化する環境省

ジャーナリスト・杉本裕明

将来的にカーボンプライシング制度導入で得られる財源を裏付けに、10年間で20兆円規模の「GX（グリーントランスフォーメーション）経済移行債」を発行する。その政府の方針に環境省は、表向き歓迎の意を表明している。だが、裏はまったく違う。まるでお通夜のようだ。

「GXは、経済産業省に完敗です。ずっと環境省主導で炭素税の実現を目指してきたのが、見事にひっくり返された」とある官僚は打ち明ける。GX政策で環境省の存在感はほとんどなくなっているのだ。

環境省が炭素税を唱えてから20年以上になるが、経団連と経産省の抵抗で実現しなかった。それでも２０１２年に石油石炭税の税率を上乗せした「地球温暖化対策税」が創設され、環境・経産両省が特別会計として温暖化対策に使えるようになった。

だが、それは「パンドラの箱」だった。環境省がまだ環境庁だった時代、予算も職員の数も貧弱だったが、環境保全のための規制行政を担い、時には巨大事業官庁を相手に公共事業を止めるような「山椒は小粒でもぴりりと辛い」(同省ＯＢ)存在感があった。

しかし、巨額の予算が転がり込んできたことから、霞が関の「ウォッチドッグ」(監視役)からは牙が抜け、事業官庁、すなわち「ミニ経産省」化が始まった。一般会計予算を１・５倍も上回る「エネルギー対策特別会計」を手に入れ、１５００億円の公金をおよそ５０人の職員で、事業者や自治体などにまいている。

これで地域が本当によくなればよいが、コストに見合うだけの効果があるのか、検証されていない。しかも年間１３００億～１６００億円の予算の数割が毎年、未消化に終わっているのが実態だ。

環境省は、中井徳太郎氏が事務次官だった2022年までの2年間を、炭素税実現の好機としていた。財務省出身の中井氏は、財務省を巻き込んで官邸に官僚を送り込み、水面下で折衝した。だが、志半ばで菅義偉政権は崩壊。岸田文雄政権となって、官邸では元経産事務次官の嶋田隆氏がこの分野を差配し、一気にひっくり返した。

環境省は、「地域循環共生圏」と、新たな「脱炭素先行地域づくり」を掲げ、地域の脱炭素化を今後進めるという。しかし、当てにしていた炭素税の財源は得られず、省内に地域の事情を知る人材も少ない。

おまけに、同省は近く水質・大気の規制部局の大リストラを行い、脱炭素事業の新たな部局を増設するという。規制部局をリストラしたら、都道府県と市町村がそれに倣いリストラをする。環境モニタリング体制と環境規制は崩壊の瀬戸際だ。

それなのに、環境省は「ファンドが欲しい」との幹部の意向で、22年10月「脱炭素化支援機構」(JICN)という投資会社を設立した。財政投融資から102億円、民間82社から102億円を集めた。設立目的は、「脱炭素化に意欲のある民間事業者等の取組を後押しする」としている。

ある企業は、環境省から「奉加帳」よろしく「1社1億円でお願いします」と出資を頼まれたという。「『お付き合いで出します』と言ったが、そんな小さなお金でやれることは知れている。支援機構を当てにするような業者は、どの銀行からも相手にされない不良業者では」と企業は心配する。JICNでは、環境省から出向した素人の官僚がファンドを運営するという。

省内では「なんちゃってファンド」と揶揄する声が広がっている。「脱炭素」を錦の御旗にしているが、幹部の天下り先の確保が目的ではないかというのだ。本来の規制行政を忘れマネーゲームに走る、「ミニ経産省」の未来は暗い。

杉本裕明（すぎもと・ひろあき）
1954年生まれ。全農を経て朝日新聞記者。廃棄物、自然保護、公害、地球温暖化、ダム・道路問題、環境アセスメントなどを取材。霞が関行政に精通。現在はフリージャーナリスト。

洋上風力「入札第2弾」にくすぶる懸念

日本初となる大型洋上風力発電プロジェクトが2023年1月31日に全面運転を開始した。秋田県秋田港、能代港の港湾区域に設置した合計33基の風車（約140メガワット）が稼働したのだ。全長117メートルの羽根は順調に回り続けている。同プロジェクトは丸紅や大林組、東北電力などが出資する秋田洋上風力発電が事業を推進している。総事業費は1000億円規模だ。

四方を海に囲まれた日本にとって洋上風力発電は期待の再生可能エネルギーだ。今後は1案件の総事業費が数千億円規模に達する、より大規模なプロジェクトが全国の一般海域で続々と立ち上がる。経済産業省、国土交通省、産業界でつくる官民協議会は2020年12月に「洋上風力産業ビジョン」を策定。2040年までに最大45ギガワットもの案件を形成すると意気込んでいる。

英国の洋上風力発電大手であるSSEグループも日本の洋上風力産業に期待を寄せる1社だ。同社グループのSSEパシフィコの唐澤大上級副社長は「日本の電力消費量は英国の約3倍。再エネの導入もまだ進んでおらず、ポテンシャルは大きい」と語る。

巨額のマネーが動くプロジェクトを手にするのは誰か。

現在、関係企業が固唾をのんで見守っているのは、2022年末に公募入札が始まった秋田県、新潟県、長崎県など4海域でのプロジェクトの行方だ。応札は2023年6月末に締め切り、早ければ同年末には各海域の事業者が決まる見通しだ。

洋上風力発電事業では、環境アセスメントの手続きを進めている企業を照会すれば、どういった陣営が応札を検討しているのかがわかる。

洋上風力発電に参画しようとしのぎを削る各社

公募が始まった4海域と応札するとみられる企業

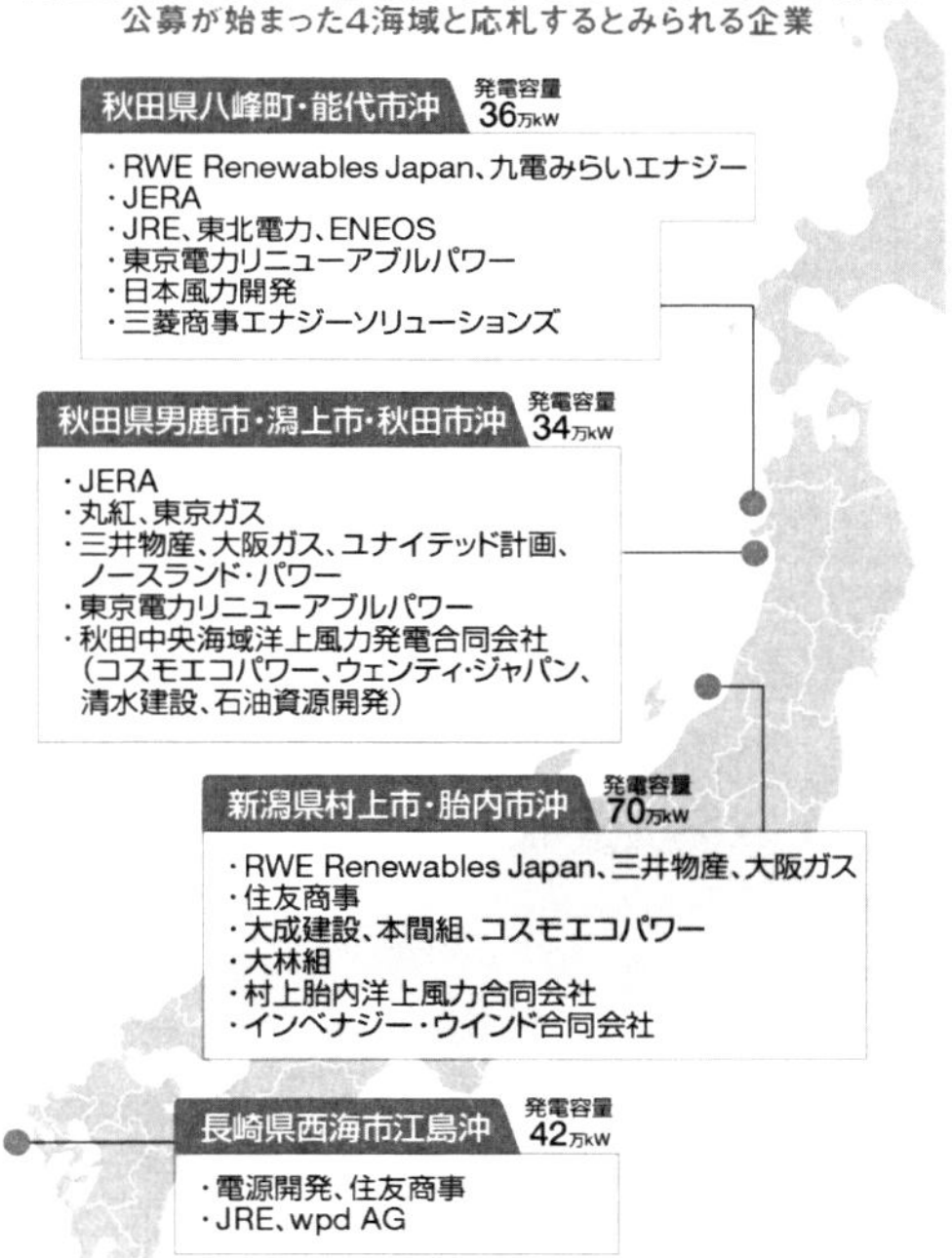

（出所）各海域の環境アセスメント情報を基に東洋経済作成

秋田県の八峰町・能代市沖では、東京電力ホールディングスと中部電力の合弁会社であるＪＥＲＡ、ドイツの電力大手ＲＷＥグループなど国内外の企業がひしめいている。同海域に参画するかは不明だが、再エネ大手の日本風力開発も秋田県八峰町・能代市沖を含めた秋田県北部で手続きを進めている。

だがそこに、当初大本命とみられていたある企業の名前がない。三菱商事傘下の三菱商事エナジーソリューションズだ。同社は、２０２２年１１月に環境アセスを中止したことを官報でひっそりと公表した。すでに業界内では、応札に参加しないとの見方が大勢になっている。

実は２０２１年末に公募案件第1弾の入札結果が公表された後、洋上風力をめぐってはさまざまなすったもんだがあった。理由の1つは、この入札にかけられた秋田県および千葉県沖の3海域すべてを三菱商事などがつくるコンソーシアムが「総取り」してしまったことだ。

3海域の売電価格の上限は1キロワット時当たり２９円だったが、三菱商事が提示した売電価格は同１１・９９～１６・４９円。海域によっては半値以下という驚くべき価格で、他社に圧倒的な差をつけた。

そのため、結果が公表された直後は、「三菱商事は最初から赤字覚悟の入札をしている」(再エネ業界関係者)と裏付けのない批判の声が上がった。そして、「価格偏重のルールを改めるべきだ」との声が強まったのだ。

政府は21年12月に始まっていた秋田県八峰町・能代市沖の入札をいったん中止するという極めて異例の対応を取った。表向きは「ロシアによるウクライナ侵攻」を理由にしているが、こうした声が作用したとみる向きもある。

また、22年10月に公募入札ルールも大幅に見直した。「より早い運転開始時期を設定する事業者に高い評価を与える」としたほか、「総取り」への対策として、経産省審議会の中でも異論のあった「落札制限」についても、2022年末に公募が始まった第2弾入札で導入されることになった。1事業者当たり100万キロワットを超えた場合に受注件数が制限される。

では、これで洋上風力をめぐる混乱は収束していくのだろうか。

妥当性めぐり紛糾か

現状の洋上風力の入札ルールにはまだ問題がある、と指摘する関係者もいる。日本風力発電協会の加藤仁代表理事（日本風力開発副会長）は「今のままなら選考結果が妥当なのかという議論が巻き起こってしまう」と危惧する。

入札第2弾で重要になるのが、今回の4海域ではFIT（固定価格買い取り制度）ではなく、FIP（フィードインプレミアム）という制度が適用される点だ。FITは再エネで発電した電気を固定価格で電力会社に買い取ってもらえる制度で、発電事業者にとって、どのくらい利益を上げられるかが見通しやすい。

一方、FIPは発電事業者が自ら売電先を探し、市場価格などに連動した「プレミアム」が交付される形式だ。政府は国民負担抑制の観点から導入を決めたものの、発電事業者からしてみると、市場価格によって収入が大きく変動するリスクを負うことになる。

また、今回の入札第2弾ではプレミアムの実質的な下限価格（1キロワット時当たり3円）が設定された。この価格で札を入れれば、入札時の価格に関する評価は確実に満点を得られる。そのため案件を勝ち取ろうと、普通なら事業が成立しないような安値での札入れが増えるのではないか、との懸念がある。

もちろん入札ルールでは、赤字計画は失格になることが明記されている。ただ、加藤代表によると、発電事業者と同じ企業グループの電力小売りなどとの間で割高な相対契約を結ぶ一方、プレミアム部分については下限価格で応札するという形で制度の隙を突く懸念があるという。

発電プロジェクトとしては黒字を確保する代わりに、企業グループとしては赤字を被るという構図だ。損をしてでも、これから市場が伸びる洋上風力で実績をつくるチャンスが欲しい。そんな思惑を持つ企業も出てくるかもしれない。

パブリックコメントでも「不当な高値でグループ企業に売電することは失格になるのか」を確認するコメントがあった。大手電力などが取りうる戦略として一部の事業者は警戒している。

経産省は「『最低限必要なレベル』の実現性が確認できない計画は失格」としているが、何が判断基準になるのかは示されていない。選定結果への異論が再び噴出する可能性は十分ある。

早くもさまざまな意見が指摘される入札第2弾。再エネの切り札普及には、まだまだ紆余曲折が続きそうだ。

（大塚隆史）

あまりに拙速な「原発回帰」

岸田文雄政権が2022年12月に取りまとめた「GX（グリーントランスフォーメーション）基本方針」は、原子力発電を「脱炭素効果の高い電源」と見なし、「最大限の活用」に舵を切った。

現行のエネルギー基本計画では原発について「可能な限り依存度を低減」と明記されているが、GX基本方針にその文言はなく、事実上の路線転換だといえる。

GX基本方針では、これまで「原則40年、例外として60年」としてきた原発の運転期間を延長する方針を示した。新方針では、原子力規制委員会の審査などで停止していた期間は運転期間から除外する。これにより従来の最長60年を超える運転が可能となる。

だが、稼働期間延長について、適正な政策決定のプロセスが取られてきたか、そして稼働延長後の安全性について懸念を示す指摘が相次ぎ出てきている。

運転延長ルールの見直しに際し、事務局である原子力規制庁と経済産業省の間で「事前にすり合わせがされていたのではないか」（松久保肇・原子力資料情報室事務局長）との疑念が持たれているのだ。

規制委が運転延長ルール見直しの検討を開始したのは2022年10月5日。ところが、それ以前の7月下旬から、規制庁の幹部が経産省幹部と面談を繰り返していた。そのうえで8月下旬には規制委での議論を先取りする内容のペーパーが作成されていた。

そこには「現在、原子炉等規制法に規定されている発電炉の運転期間制限を電気事業法に移管」「現行は60年超を想定していない → 60年超にも対応した安全規制（の導入）」といった文言が盛り込まれていた。規制委の知らぬところで、規制庁の職員が議論のレールを敷いていたことを物語る。

こうしたいきさつが規制庁職員の内部告発によって明るみに出たことがきっかけとなり、規制委は今後、規制庁と経産省との間での会合についての議事録を作成して公表するとの方針を決定した。併せて22年7～10月初めまでの経産省とのやり取りに関する資料もさかのぼって公表するとした。

安全性に懸念の声

だが、2月3日に公表された規制庁の資料では、重要な記述の多くが「誤解を招く表現がある」との理由で墨塗りにされた。また、経産省から提供を受けた資料も公表は見送られた。これでは透明性に疑念を持たれかねない。

原発が集中立地する地方自治体からは、稼働期間延長による安全性についての懸念の声が上がっている。1月18日の福井県議会の全員協議会で、細川かをり議員（無所属）は、規制庁の幹部を前にこう切り出した。

「（今回、認められることになる60年超の運転延長認可に際して）原子力事業者から出てきたデータを鵜呑みにすることにならないかと懸念している。例えば、（中性子照射脆化の程度を判定するための）脆性遷移温度などは、事業者が出してきたもので判断するのか、それとも規制庁の職員が立ち会って（脆性遷移温度の試算の基となるデータを）確認するのか。データの書き換えの問題も起きている中で、信頼できるのか」

「中性子照射脆化」は、原子炉容器がウラン燃料から放出される中性子を浴びることで、その材質が劣化する事象だ。大地震などで原子炉が冷却機能を失って、緊急炉心冷却装置（ＥＣＣＳ）が作動すると、原子炉容器が急に冷やされて加圧熱衝撃を受ける。その際に、長年の運転で中性子を浴び続けた原子炉容器内面にひび割れがあった場合、それが急速に拡大して容器が破損し、大量の放射性物質が環境中に放出される可能性がある。中性子照射脆化は原子炉の老朽化によって起こりうる最も深刻な事故の原因とされている。

これに対して規制庁の担当幹部は次のように回答した。「データそのものを見ることは当然必要だが、データを採るうえでの前提条件、試験やデータの整理の仕方、計算の根拠となる科学的な事実をきちんと見ながら、事業者の行いの妥当性をチェックする」。

だが、規制委のチェックの仕方は不十分だという指摘が、運転延長認可取り消しを求める名古屋地方裁判所での行政訴訟を通じてなされている。

福井県に立地する関西電力の高浜原発1・2号機および美浜原発3号機は、いずれも原則40年の運転期間を超えて最長60年まで運転延長が認められた原発だ。

原則40年、最長60年という運転期間に関するルールは、東京電力ホールディングス・福島第一原発事故の翌年に法改正によって新たに設けられた。その運転期間延長に関する認可のプロセスの実態を、名古屋地裁に提訴した原告や専門家は問題にしている。

「規制委は運転延長認可のプロセスにおいて、厳しく審査していると主張しているが、そうとはいえないのではないか」。このような問題提起をしているのが、金属工学を専門とする井野博満・東京大学名誉教授だ。

2022年12月、井野氏は原発の重大事故発生のプロセスに詳しい専門家らとともに「中性子照射脆化に関する意見書」を名古屋地裁に提出。関電が運転開始から30年目および40年目に実施した高浜原発1号機の高経年化技術評価報告書の内容を比較したうえで、運転開始から60年後を想定した、30年目時点と40年目時点での「破壊靱性遷移曲線」が大きく異なっている事実に着目した。

破壊靱性遷移曲線は、中性子照射脆化のリスクを判定するため、原子炉容器が急激に冷やされた場合の耐久性の程度を意味するものだ。これと、原子炉容器に亀裂があった場合に破壊を進展させる力を意味する「熱衝撃曲線」をそれぞれグラフ化し、2つの曲線がある程度離れていれば安全と見なす一方、交差すると原子炉が突如破損する脆性破壊の危険性が高いことを意味する。高浜原発1号機では、40年目時点で評価した2つの曲線が接近していた。

「30年目時点と40年目時点の破壊靱性遷移曲線は大きく変わらないのが本来のあり方だ。そうならなかったのは、予測を超える悪い破壊靱性値が30年目以降の監視試験で得られた結果だ」と井野氏は指摘する。40年目の曲線が事故リスクがより高い方向に描かれていたことに井野氏は注目した。

なお、こうした指摘について規制委は、「審査で依拠している技術基準でマージン（余裕度）の設定値がより保守的に変更されたことが要因。原告の主張には理はない」と反論。現在も論争が続いている。

名古屋地裁では、規制委によるチェックの仕方も問題になった。原告弁護団の小島寛司弁護士は「原子炉内に据え付けた監視試験片が中性子を浴びてどれだけもろくなったかを示す元データが関電から規制委に提出されていなかったことが判明し、たいへん驚いた」という。

「原発の安全性の根幹に関わる試験の元データを自ら確認せずに、運転延長を認可したこと自体が問題だ」（小島弁護士）。これに対して規制委は「試験データ等を逐一確認することは法令上求められていない。申請書や添付資料の精査、事業者へのヒアリングや審査手続きを実施すれば法令の要求を満たす」と反論している。

古くなった原発の危険性の判定は簡単ではない。原子炉容器の内部は放射線量が高く、立ち入りができない。原子炉容器は取り替えも不可能だ。中性子照射脆化の程度は目視では確認できず、監視試験片を取り出したうえで破壊試験を実施してデータを収集し、予測式を使って将来の劣化状況を推定する。しかしその予測式自体の正確性も問題になっている。

法改正の危うさ

今回、規制委は安全規制の根幹である原発の運転期間に関する規制について、「政策で定められたものであり、規制委が意見を述べるべき事柄ではない」（山中伸介委員長）との見解を示した。そして所管していた原子炉等規制法の条文を削除し、経産省が所管する電気事業法への規定の移し替えを了承しようとしている。これにより、今後は経産省の判断で運転期間のさらなる延長が可能になる。

その一方で、規制委は新たに安全規制のルールを改正し、運転開始から30年目以降、10年を超えない期間ごとに電力会社に原発の劣化状況を評価させ、問題がないと判断した場合にはその都度認可することとする。しかし、原発の劣化度合いの正確な判断は難しい。

従来であれば、原則40年という運転期間の規制を拠り所に古い原発の廃炉を迫ることができたが、今後、運転期間の規制が緩められた場合、老朽化の進んだ原発の退場宣告は一段と難しくなる。

そもそも原発には設計耐用年数がある。東京電力が作成した福島第一原発3号機に関する資料では、原子炉圧力容器や内部構造物など主要機器の設計耐用年数が「40年」と明記されている。

しかし福島原発事故以前、運転可能な年数の定めはなく、40年を迎える直前の福島第一原発1号機が真っ先に炉心溶融を起こした。こうした経緯を踏まえ、二度と重大事故を起こさないための方策として原子炉等規制法を改正して、運転期間について「原則40年」の定めを設けた。事故から1年後の2012年のことだ。

その際、1回に限り、最長20年の運転延長を認めたが、当時の細野豪志原発担当相は「例外的な場合に限られる」と国会で答弁した。現在、その例外が例外でなくなっているうえに、さらなる運転期間の延長により、歯止めが利かなくなるおそれがある。

さらなる運転期間延長に道を開く原子炉等規制法や電気事業法改正法案は2月中にも国会に上程され、「束ね法案」として一括審議の対象となる。法案審議に十分な時間が設けられるかも疑問だ。岸田政権の原発回帰はあまりにも拙速だ。

（岡田広行）

三菱重工が開発を主導

「革新軽水炉」は既存技術の改良型

「脱炭素のベースロード電源」としてその活用がGX実行会議の基本方針で位置づけられた原子力。当面は既存の原発の安全対策と再稼働に取り組むが、仮に今後長く原子力を利用するなら、新しい原子炉の開発は欠かせない。政府方針に歩調を合わせるようにメーカー側も開発を進めている。

代表的なのが、日本最大の原子力プラントメーカー、三菱重工業が開発する革新軽水炉「SRZ－1200」だ。2030年代半ばに国内で実用化することを目標に「高い経済性に加え、革新技術を採用した世界最高水準の安全性を実現する」（三菱重工）としている。

東京電力福島第一原発の事故を教訓として、強固な岩盤に建屋を埋め込む設計を採用。航空機衝突に備えた格納容器強化や非常用電源・冷却システムの多重化、炉心溶融時に核燃料を受け止める「コアキャッチャー」の採用といった安全策を講じている。火力発電の縮小を見越し、原子力で出力調整できるよう、調整速度を4倍に速めた。

関西電力などと標準設計を進めており、すでに「8割方固まった段階」だという。今後の個別設計も見据え、2023年4月には三菱重工社内に専属の取りまとめ部門「SRZ推進室」を設置。電力会社との連携も強化する。

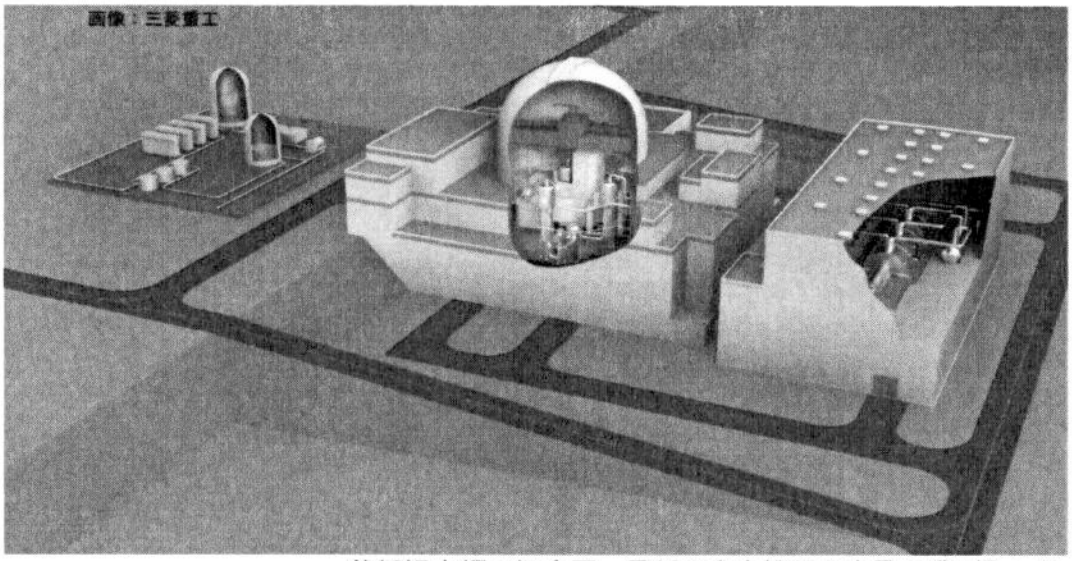

革新軽水炉の概念図。最新の安全機能を大量に盛り込んだ

次世代軽水炉は2030年代に運転開始の計画

三菱重工の原子力開発ロードマップ

	2020年代	30	40	50
次世代軽水炉	概念設計／基本設計	許認可／建設 運転開始		
小型軽水炉	概念検討／概念設計／基本設計	許認可／建設	運転開始	
高温ガス炉	概念検討／概念設計／基本設計 水素製造技術	許認可／建設	運転開始(実証炉)	
高速炉	概念検討／概念設計／基本設計		許認可／建設	運転開始(実証炉)
マイクロ炉	概念検討／概念設計／基本設計	許認可／製造	運転開始	
核融合炉	実験炉ITER	原型炉	設計／製造／建設	発電実証

(出所)三菱重工業の資料などを基に東洋経済作成

技術的には可能でも

ただ、「革新」と銘打つものの既存炉を改良したものにすぎない。大きく変わったのは安全策ぐらいで、1カ所で大出力の発電を行うのは従来の原発と変わらない。さらに、使用済み核燃料の処理の問題も残る。解決には高速炉をはじめとした核燃料サイクルの整備が必要だが、三菱重工の高速炉計画では実証炉の建設が2040年代。技術的な難易度も高く、コスト面を含めて越えなくてはならないハードルは極めて高い。

その反面、革新軽水炉の技術的な問題は少ないといえるが、それでも実現するかは見通せない。

まずは立地。原発事故後、再稼働すら進まない中で、古い原発を革新軽水炉に建て替えるにしても地元の理解を得るのは至難だ。コストについても同様だ。三菱重工は「ほかの電源と比べ遜色ないレベルを目指す」としているが、建設費に加え運転後も追加の対策費がかかるようでは電力会社の経営を圧迫する。こうした背景もあり、「電力会社の間で導入の機運は高くない」（国際大学の橘川武郎副学長）。

それでも、三菱重工など原子力関連企業が新型炉の開発に取り組むのは、このままではサプライチェーンを維持できないとの危機感があるからだ。資源エネルギー庁によると、東日本大震災後に20社もの企業が原子力事業から撤退し、国内では調達できない部材もある。技術者の高齢化も急速に進んでいる。

三菱重工は革新軽水炉で「サプライヤーを含めた原子力産業基盤を維持・強化したい」とする。革新軽水炉は日本に原子力産業を残すべきかという議論と地続きでもある。

（高橋玲央）

対応が遅れれば投資先からの評価低減も

「うわべだけの脱炭素」に国連から厳しい目

WWFジャパン　専門ディレクター・小西雅子

地球温暖化対策の国際的な取り決めであるパリ協定によって、2050年までの脱炭素化が世界共通の目標となった。

こうして世界の多くの国や自治体、企業がCO2など温室効果ガスの排出量実質ゼロ（ネットゼロ）の目標を掲げている。今や、国の削減目標だけでも、地球上の温室効果ガスの8割以上がカバーされる計算だ。

ただ、その内容は玉石混淆だ。うわべだけの環境対策、いわゆる「グリーンウォッシュ」も少なくない。安易なネットゼロ宣言は、パリ協定の本来の目的である、気温上昇を1・5度に抑える目標の達成を妨げかねない。

そこで2022年11月に開催された国連気候変動枠組条約第27回締約国会議（COP27）で提言されたのが、ネットゼロを宣言する際の世界共通の指針（以下、提言と呼ぶ）だ。国連の専門家グループがまとめた提言を発表したグテーレス事務総長は、「グリーンウォッシングを容認することはできない。すべてのイニシアチブは23年前半までにこの指針に従って改定しなければならない」と語った。この提言には、日本企業にとって注意が必要なポイントも含まれている。

提言の具体的な解説に入る前に、グリーンウォッシュについて簡単に確認しておきたい。英語で「うわべを取り繕うこと」を意味するホワイトウォッシングと、「環境に優しい」という意味のグリーンを組み合わせた造語で、1980年代から欧米の環境活動家によって使われるようになった。

近年では、ネットゼロを表明しながらも実態が伴っていない企業や商品がグリーンウォッシュだとして注目を集め、訴訟を起こされた例もある。例えば石油メジャーのシェルは、削減目標が十分ではないとして2021年にオランダの裁判所から

「2030年までに19年比で45%の排出量削減」を命じる判決を言い渡された。英国やドイツ、フランスなどでは、規制当局によってグリーンウォッシュに当たる広告が規制され、摘発された例もある。

日本ではまだこうした規制がなく、企業の意識が高いとはいえない。彼らがもっぱら関心を払っているのは、早期の脱炭素は難しいが、その途上にある――トランジションの取り組みをしている企業として認められること。機関投資家から投融資を引き出すことを狙っているのだ。だが何をもってトランジションと認められるかは、ネットゼロの定義があって初めて明確になることだ。日本企業は国連からどんな基準が提言されたのか、頭に入れておく必要がある。

提言3つのポイント

本提言は10の大きな指針から成るが、日本企業にとってとくに注意すべきは以下の3点だ。

1点目が、「ネットゼロに向かう科学的な削減目標を5年ごとなどの短中期に出す」こと。2030年までに排出量をほぼ半減させないと、2050年の気温上昇を1・5度に抑えることは難しい。すると重要になってくるのが、短期の削減目標をこれと整合的に設定し、実行することだ。気候変動に関して科学的な見地から評価を行うIPCC(気候変動に関する政府間パネル)によれば、30年までに必要な削減量の半分以上は、1トン当たり20ドル以下と比較的低コストの施策で削減することが可能だ。

日本ではその施策の筆頭が、化石燃料の中でも最も多くのCO2を排出する石炭火力の廃止である。提言でも、先進国は30年までに石炭火力を廃止するよう明示されている。日本は、G7(主要7カ国)の中でも唯一、石炭火力の廃止計画を持っていない。その代わり燃焼時にCO2を排出しないアンモニアを20%混焼することなどを掲げているが、現在のアンモニアの製造過程ではCO2排出が避けられず、効果は極めて限定的といえる。

2点目が、「自社の短中期の削減目標達成にカーボンクレジットを利用することはできない」こと。近年、自社の排出量をカーボンクレジット取引によりオフセットしているとうたう企業は増えている。

カーボンクレジットは、省エネや植林、森林減少防止といった排出量削減プロジェクトによって生まれた温室効果ガスの削減効果を排出権として発行したもの。このクレジットを購入して自らの排出量を相殺することが可能だ。

世界共通で用いることができるクレジット制度はパリ協定6条で認められたが、まだ構築途上だ。よって現在取引の中心になっているのは、民間が発行するクレジット。とくに森林減少防止や、再植林などのプロジェクトによる森林由来のクレジットの購入が急増している。

こうした排出量の相殺が、グリーンウォッシュと見なされるリスクは高い。国連の提言では、30年時点などの短中期の削減目標にクレジットを織り込んではならないと明示された。自社での排出のみならず、サプライチェーン内の排出にも該当するため、クレジットを活用して製品をカーボンニュートラルとうたうことも問題になる。

ではクレジットを買うこと自体がＮＧなのかといえば、そうではない。高い品質が担保された森林減少防止クレジットや、長期的に必要となる革新的技術の研究開発にクレジットの購入を通じて貢献することは推奨される。ただ、この場合でも活用はバリューチェーン外のみ。自社の短期的な削減目標のオフセットに使ってはならないことに変わりはない。

３点目が、「政府の野心的な温暖化対策目標に対して、自社のみならず業界団体を通じても反対してはならない」こと。日本企業は、自社の脱炭素化は熱心に宣伝していても、所属している業界団体が政府の温暖化対策に反対しているケースが多い。自社が２０５０年時点の排出量ネットゼロを掲げる一方で、所属する経済団体が規制的なカーボンプライシング政策に反対している、といった場合だ。この提言の投げかける意味は重い。

本提言は、パリ協定などの国際条約とは関係がないため、法的拘束力を持たない。ただし、提言の策定には参加企業の資産規模が１３０兆ドルに上る機関投資家団体の

GFANZ（グラスゴー金融同盟）や、国際的な環境NGO（非政府組織）も深く関わっており、彼らが今後グリーンウォッシュを見極める際の判断基準になることは間違いない。日本企業は早急なキャッチアップが求められる。

現状では、世界の標準からずれた取り組みをする日本企業も散見され、国際的な環境団体から異議を申し立てられるケースもある。その一例が自動車メーカーだ。国際環境NGOの1つ、グリーンピースが2022年11月に発表した「自動車環境ガイド2022」は、世界の大手自動車メーカー10社を対象に気候変動対策への評価についてまとめたものだ。この報告書で最下位となったのは、トヨタ自動車。日産自動車、ホンダもそれぞれ8位、9位。トヨタが最下位となった理由は、CO_2を排出しないEV（電気自動車）などへの移行が遅れ、気候変動関連の法律制定に反対するロビー活動をしている、というもの。トヨタは21年も最下位であり、ガイドが発表された1カ月後にEVの販売目標を大幅に引き上げた。

日本企業の中には世界標準にのっとっているところもあるが、その場合は気候変動問題に関する国際的なイニシアチブに加盟し、情報収集をしているケースが多い。例えば、国連と国際環境NGOが共同で事務局を務めるSBT（科学に沿った削減目標を持つことを認証する制度）などがそれに該当する。
国際的には今何が標準なのかを意識し、うわべだけではない「真の脱炭素」に取り組んでほしい。

小西雅子（こにし・まさこ）
2006年WWFジャパン入局、専門は環境エネルギー政策。18年昭和女子大学特命教授。22年京都大学大学院特任教授。ハーバード大学修士。博士（公共政策学・法政大学）。

東芝や三菱地所が導入

「CO2実質ゼロ」LNGが抱える課題

オフィスビルが林立する東京・丸の内。ここの冷暖房設備では、ある特別な都市ガスが使われている。東京ガスが販売するカーボンニュートラル（CN）都市ガスだ。「地球規模でCO2の排出量が実質ゼロになる」とうたうもので、丸の内エリアをはじめビル76棟にガスを供給する三菱地所の子会社、丸の内熱供給は2020年に国内で初めて採用した。

なぜ「実質ゼロ」といえるのか。その仕組みを次の図で説明しよう。

「CO_2排出量実質ゼロ」になる仕組み

環境保全プロジェクトなどのクレジットを活用

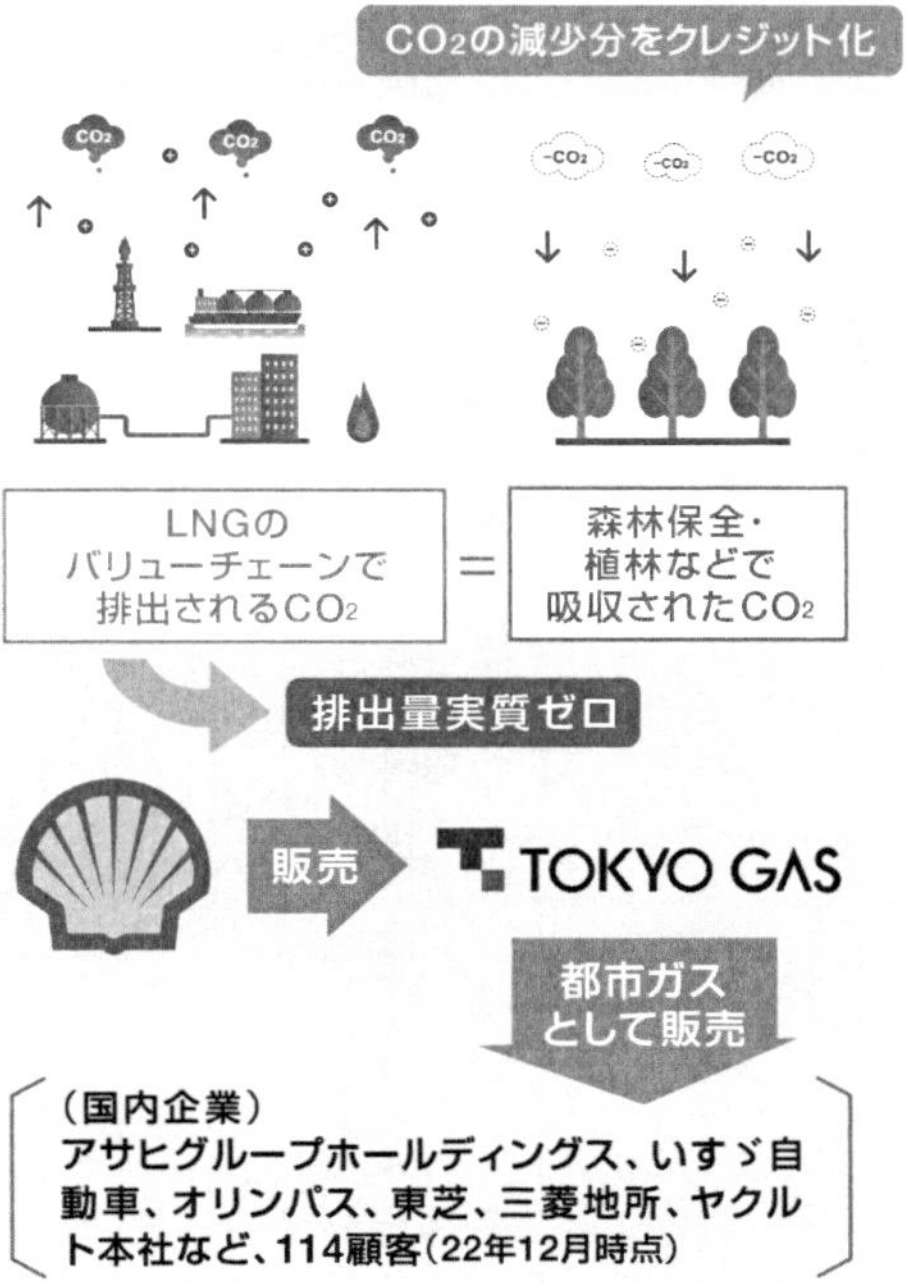

（出所）取材や東京ガスのホームページ、リリースなどを基に東洋経済作成

都市ガスのもととなる液化天然ガス（LNG）は採掘から燃焼に至る工程でCO2を排出するが、それを森林保全などの環境保護プロジェクトから作られた民間のカーボンクレジットの購入で相殺する。英石油大手シェルが開発するこのカーボンニュートラルLNG（CNL）を東京ガスが買い、都市ガスにして顧客へ販売している。

東京ガス以外にも、大阪ガス、北海道ガス、東邦ガスなどがCNLを導入。国外でもインドや中国、台湾などに輸入されている。

価格はクレジット代などが上乗せされて割高になるが、企業からの引き合いは強い。東京ガスは2019年度から供給を始め、20年度に15だった顧客は22年12月時点で114まで増加。三菱地所、東芝、オリンパス、いすゞ自動車、ヤクルト本社などが採用する。

日本では、CNLを活用しても企業が「地球温暖化対策の推進に関する法律（温対法）」の下で報告義務を負う排出量に算入することはできない。それでも需要があるのは、脱炭素に自発的に取り組む企業として投資家などにアピールできると考えてのことだ。統合報告書やサステイナビリティー報告書、ホームページ（HP）などにCNLの活用を記載することができる。例えば東芝は、HP上で「気候変動への対応」としてCNLの活用を記載している。

エネルギー・金属鉱物資源機構（JOGMEC）の白川裕調査役は、「2030年が近づき現実的な削減可能量が見えてくる中、既存の事業を続けながら排出量を減らせるCNLは現実的な脱炭素の解として、アジアを中心に徐々に拡大していく」と指摘する。

企業のニーズに即したCNLだが、欠陥も抱える。排出量の相殺に用いられるクレジットの市場は未熟で、排出量削減の根拠が怪しいクレジットも出回っているのだ。

クレジットの質に課題

とくに問題視されているのが、途上国の森林減少抑制に基づくクレジット。森林保全などのプロジェクトが実施されない前提と比較して、どの程度森林の減少を抑制できるかを設定し、そのCO2削減効果を算定する。だが科学的に算定する難易度は高く、事業者はクレジットの発行量を増やすべく、森林減少を過大に見積もりがちだ。

気候変動問題に詳しいWWFジャパンの小西雅子氏は指摘する。「LNGの排出量を相殺するにはクレジットが大量に必要で、おのずと安価なものを求める。すると科学的根拠などクレジットの質は二の次になってしまいがちだ」。

東京ガスが用いるCNLの場合、クレジットを選定するのはシェルだ。品質担保のため、民間認証団体として最大手の米ベラ（Verra）などが発行するクレジットを選ぶが、だから高品質とも断言できない。海外では、問題のあるクレジットを購入した企業が訴訟された例もある。こうして成長を続けてきたカーボンクレジットの需要は2022年に前年を割った。

こうした動きを受けて、東京ガスは22年にクレジットの管理体制強化に取り組む専門部署を急きょ立ち上げた。シェルからCNLを購入する際には独自基準の下で厳選。情報開示にも力を入れており、顧客に年1回発行される供給証明書には、使用されたクレジットが列記される。「東京ガスから開示・説明してもらい、品質を理解したうえで購入している」（東芝）、「（顧客向けの）勉強会などでも説明を受けている」（ヤクルト本社）。

もっとも、使われたクレジットが示されても、その実態を顧客企業が追跡、確認するのは簡単でない。さらに化石燃料由来の排出量を、それと関係がない森林由来のクレジットで相殺しても意味がない、という本質的な指摘もある。

カーボンクレジット自体は、企業が自ら削減できずに残った排出量を実質ゼロにする手段として今後の活用が期待される。23年4月から稼働するGXリーグでも、国が認証する「J－クレジット」の取引が可能で、将来的には民間クレジットの取引も検討されている。企業が躊躇なく活用できるよう、国際的に統一された市場の基準づくりは急務だ。

（印南志帆）

「質の担保に独自基準で評価している」

東京ガス　カスタマー&ビジネスソリューションカンパニー・坂上貴士
同　エネルギーソリューション本部・大川里枝

誤解してほしくないが、カーボンクレジットを使えば自社での排出量削減をしなくていいとは考えていない。脱炭素は地道な省エネ、エネルギーの低炭素化の順で進める「ヒエラルキーアプローチ」が基本。それでも削減できない残余排出量を「実質ゼロ」にする最後の手段として、クレジットでCO2の排出量を相殺したCN都市ガスを活用する方法がある。この基本を肝に銘じており、お客様にもそう伝えている。

民間のクレジット市場は草創期で、信頼性と透明性の確保には改善の余地がある。その点、CN都市ガスに使われるクレジットの品質担保には商品を提供し始めた

２０１９年時点から独自基準を設けており、日々磨き上げている。

英シェルからＣＮＬを購入する際、使われるクレジットのラインナップが複数提案されるが、その質が自社の基準に満たないと判断すれば採用を見送ることもある。基準は全部で８〜９項目あり、とくに重視しているのが、新たに行われたプロジェクトからクレジットが創出されているかを示す「追加性」とその「永続性」。信頼性の高い認証機関が扱うものでも、自分たちが納得できないプロジェクトのクレジットは買わないようにしている。発行年が古いクレジットの質をどう評価するかについては、いろいろな考え方があり一概には言えない。

クレジットが抱える欠陥を理解しつつも、地域ごとの脱炭素へ向けた進展度の違いなどを複合的に考慮して、排出量実質ゼロに至る１つの道筋としてＣＮＬを活用していきたい。

（聞き手・印南志帆）

三井物産、伊藤忠商事が取引

バイオマス「認証偽装」の衝撃

2022年11月、日本海——。ある数万トン級の大型船が数週間もの間、海上に停船していた。同船はベトナムのホンガイ港を9月下旬に出港した。船が運んでいたのは木質ペレットだ。

ペレットは木くずを圧縮して円筒状に固めたもので、長さは5センチメートル程度、直径は約6ミリメートル。再生可能エネルギーの1つ、バイオマス発電で使用する燃料だ。

西日本の港を目指していた同船が所在なく停船していたのには訳がある。出港してから積み荷のペレットが曰（いわ）く付きのものであることがわかったからだ。同船は12月になって、ようやく韓国の港へ進み始めた。

積んでいたペレットにいったい、どんな問題があったのか。2022年10月、国際的な森林認証制度を運営しているFSC（森林管理協議会・本部ドイツ）は、ベトナムのペレット販売最大手のAVP社を排除する措置を取ったと発表した。AVP社が、ペレット製造に使用した木材がFSC認証の木材であるかのように「大量の虚偽表示」を行っていたためだ。

そのため、同社の製品はFSC認証を使うことができなくなった。先述の船に積まれていたのはAVP社のペレットだったのだ。バイオマス業界の関係者は、「排除措置によって日本に荷揚げすることは難しくなったのだろう」と話す。バイオマス燃料が発電所に供給される過程で不適格な木材が混在しないよう、加工・流通過程（CoC）認証が必要となるからだ。

日本にとってベトナムはペレットの最大の輸入元だ。総合商社の三井物産、伊藤忠商事は、AVP社と数年前から取引を行っていた。とくに三井物産は日系企業としては最大規模とみられ、直近では「年間数十万トン」（同社）にも及ぶ取引を行っていた。なお、伊藤忠は取引規模について非開示としている。

認証を取得しているかどうかは大きな意味がある。２０１２年から始まったＦＩＴ（固定価格買い取り制度）に基づき、バイオマスで発電された電力は高い価格で電力会社が買い取る。最終的には消費者の電気料金に転嫁される仕組みだ。

ＦＩＴの追い風が吹く中でバイオマス発電は急速に広がった。ＦＩＴ開始前には２３０万キロワットだったバイオマス発電の設備容量は５６０万キロワット（２２年３月時点）へと急増している。

これに伴い、燃料の輸入量も急増した。貿易統計によると２０２１年の木質ペレット輸入量は３１１万トン。ベトナム産はその過半の１６４万トンにも及ぶ。５年前と比べるとベトナム産ペレットの輸入量は２６倍に拡大している。

発電事業者にとって重要なのが、どんな条件をクリアした燃料であるかだ。国は国産間伐材の利用などを推進する狙いで、燃料の由来に応じてＦＩＴでの買い取り価格を変えている。発電事業者にとっては利益に直結する重要なポイントだ。輸入材でも「一般木質」というカテゴリーに入れば、国産材と同様、比較的高い買い取り価格が適用される。

この条件をクリアするための手法の1つが、認証制度の活用だ。2016年度に認定された発電なら、認証があれば1キロワット時当たり24円。認証がなければ同13円と大きく目減りしてしまう。原材料の合法性、持続可能性が担保されていることが、それだけ重要視されているわけだ。

FITに基づく再エネ電力の買い取りの原資は「再生可能エネルギー発電促進賦課金」と呼ばれ、電気料金に上乗せして徴収されている。AVP社による認証偽装の規模は定かではないが、国民からすれば結果的に支払う必要のない賦課金を支払ってきたことになる。こうした事態にFITを所管する経済産業省資源エネルギー庁はどう対応するのか。

22年12月、立憲民主党の近藤昭一衆議院議員に認証偽装問題への対応を問われた、エネ庁の井上博雄省エネルギー・新エネルギー部長は「複数の関係企業にすでにヒアリングを行った」と答弁している。

だが、三井物産が「情報交換は適宜行っている」としているのに対し、伊藤忠は「(ヒアリングは)受けていない」と回答。エネ庁の担当者はヒアリングの概要について「回答を差し控える」としている。実態把握が適切に進んでいるのか。疑問は尽きない。

別の認証による抜け道

しかもＦＳＣがＡＶＰ社に対して排除措置を取ってからも、同社のペレットがいまだに日本で流通しているというから問題は深刻だ。

東洋経済が入手した資料によると、２２年１０月末ごろにベトナムを出港した船が茨城県の鹿島港に向かった。同船の積み荷はＡＶＰ社の１万トン弱のペレットだ。出港時点でＦＳＣ認証から排除されている。このペレットは伊藤忠を介してある発電所に納入された。

業界関係者によると、ゼネコン大手の大林組が運営する大林神栖（かみす）バイオマス発電所（茨城県神栖市）が納入先だったとみられる。

東洋経済は大林組に対して事実関係を確認するため質問状を送付した。ベトナム産ペレットの調達の有無や、過去にＡＶＰ社のペレットを取り扱ったことがあるのかなどについて問い合わせたが、「回答を差し控える」（大林組の広報担当者）との返事だった。

また、どのように合法性、持続可能性の確認をしているのかについては、「（商社との）契約で認証材を調達するということになっている」（同担当者）とし、詳細についてはノーコメントだった。

今度は伊藤忠に対して、ＡＶＰ社のペレットを現在も取り扱っているのかなどについて問い合わせたところ、「個別の取引の詳細については非開示」との回答だった。はたして真相はどこにあるのか。「（ＦＳＣとは異なる）別の認証を利用することでＡＶＰ社のペレットを納入したのではないか」とある業界関係者は指摘する。ＦＩＴ制度上は別の認証を利用することにまったく問題はないからだ。

一方、林野庁の元幹部は「認証偽装はいわば詐欺と同じだ。ＦＳＣで問題を起こしたものを他の認証で通すというならば、少なくともどう是正がなされたのかを示さなければならない」と指摘する。制度の抜け穴を突くような手法を取ることは許されるのだろうか。

このままエネ庁が実態把握と是正を進めないのならば、日本の再エネ政策の信頼失墜は避けられない状況だ。

（大塚隆史）

JX金属は「都市鉱山」の活用に活路

「脱炭素」で深刻化する銅、ニッケル不足

大分県の市街地から車で1時間ほどの位置にある佐賀関半島。その付け根側には高さ約200メートルの巨大煙突がそびえ、工場施設が立ち並んでいる。JX金属グループの銅生産の主力拠点、佐賀関製錬所だ。

佐賀関製錬所では年間45万トンの銅を生産しており、その規模は世界最大級。ここでJX金属が現在力を入れているのが、銅のリサイクルだ。同製錬所の竹林一彰所長は語る。「脱炭素社会で銅の需要は増えていくことが予想される。その安定供給と、ESG（環境・社会・企業統治）重視の生産との両立を目指す」。

銅のリサイクルをするうえで活用されているのが、「都市鉱山」。廃棄された使用済み電子機器などから回収した銅を含む部品くず、メッキくずなどだ。JX金属は

2021年10月、佐賀関製錬所から約10キロメートル離れた大分港大在西地区で「大分リサイクル物流センター」を稼働させた。山積みとなった銅のスクラップを1メートル四方の立方体にプレス加工し、佐賀関製錬所に運んでいく。通常の製錬では銅鉱石を処理した銅精鉱を自溶炉、転炉に順次投入する。そこに集められた金属くずやプレスされたリサイクル原料もそれぞれ投入し、混ぜて溶かすことで再び純度の高い銅をつくることができるのだ。

EVや再エネで銅需要

JX金属がリサイクル原料の活用を進めるのは、将来的に銅の需給逼迫が想定されるためだ。世界の人口増加は続いており、発展途上国では生活の電化が進む。銅を使用した家電や、電気を流すための銅線の需要は増え続けている。

さらに銅の消費増に拍車をかけると予想されるのが、脱炭素の流れだ。電気自動車(EV)はガソリン車と比べて約4倍の銅が使われる。また太陽光発電など再生可能エネルギー由来の電源は、化石燃料で同じ発電容量を得るのと比べて約4倍の銅が必要とみられる。電源が分散化されて電力供給網の構築がさらに必要となることも、銅の使用量拡大につながりそうだ。

そうなれば、既存の銅鉱山による供給量だけではいずれ需要を賄いきれなくなる。JX金属の安田豊金属・リサイクル事業部長は「鉱山開発を進めて1次資源を確保することも重要だが、リサイクルによって需要を補うことが必要になってくる」と強調する。リサイクル原料の比率向上も進めていく。現在、佐賀関製錬所では製錬時の銅原料の15%がリサイクル原料だが、2040年までに5割まで上げる目標を掲げる。

将来的に銅は供給不足に

供給源別の電気銅の将来需要予測

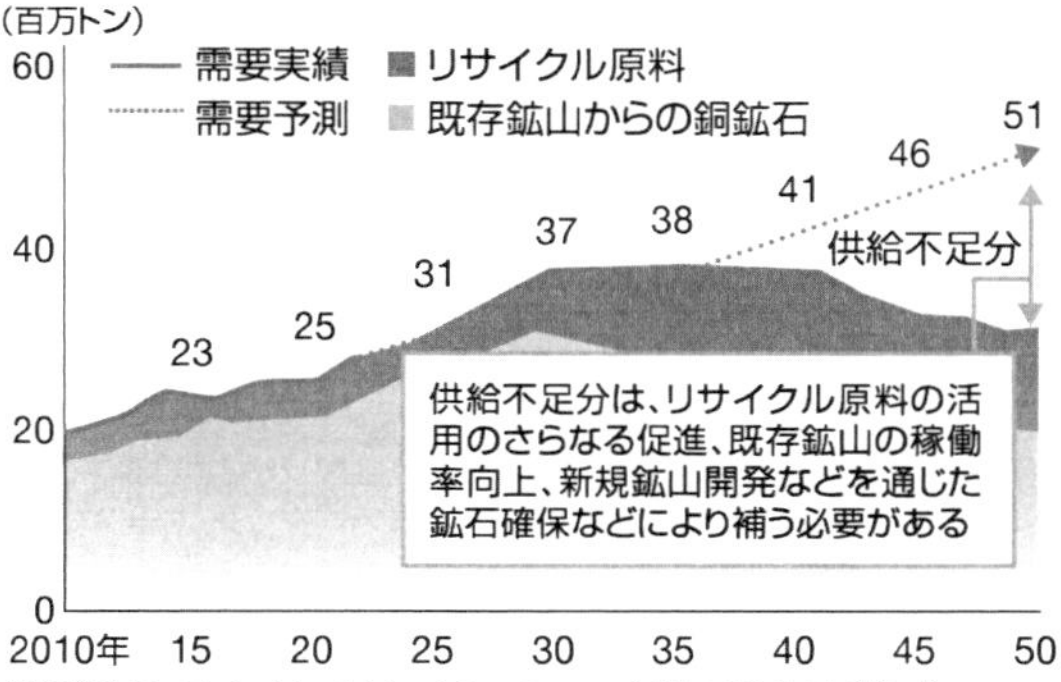

(出所)IHS Global Insights, MineSpansを基にJX金属が作成

これは技術的には簡単でない。銅精鉱には酸化反応を引き起こす硫黄が含まれており、製錬の際の熱源になる。これが、リサイクル原料の割合が増えることで減少すれば、熱源不足になりかねない。さらに、リサイクル原料には銅以外の金属が銅精鉱とは異なる比率で含まれるため、それをいかに取り除くか、という課題がある。

竹林所長は「(リサイクル原料の比率)25%以上が、新しい技術が必要になるポイントになる」と話す。20年10月には、製錬所内に独立した研究開発拠点として「技術開発センター佐賀関分室」を設置。技術開発に磨きをかける。

直近では、技術面以外の課題も浮上した。安田事業部長は、「リサイクル原料を奪い合う傾向が出始めている」と指摘する。他社も同様にリサイクル原料の活用に目をつける中、いかに必要量を確保するかでポイントとなるのが、企業としての脱炭素の取り組みだ。「(生産過程の)低炭素化とCO2排出量のトレーサビリティーを保証することで、銅を消費する電子機器メーカーなどとパートナーシップを結び、彼らからリサイクル原料を集めて再び銅として出荷する仕組みを目指したい」(同事業部長)。

製錬の際のCO2排出量を抑制する取り組みとしては、「グリーンハイブリッド製錬」と呼ばれる手法を導入。製錬では、炉を高温にするための燃料が必要となるが、佐賀関製錬所では銅精鉱に含まれる硫黄が酸化する際の熱反応をこれに利用。自溶炉と転炉において「化石燃料フリー」を達成した。

ニッケル争奪戦が激化

脱炭素で需要が高まるのは銅だけではない。EVなどの主要部品である電池の正極材に用いられる、ニッケルの需給も焦点になる。国際的な資源メジャーの一角、ブラジルのヴァーレは2022年9月、バッテリーの需要が牽引する形でニッケルの世界需要が30年までに44%増加する見通しを発表した。

ニッケルの確保をめぐる競争は激化している。住友金属鉱山は、ニッケル系正極材市場の国内シェアでトップクラスだ。ところが、インドネシアで進めていたヴァーレ傘下の現地企業と協同でのニッケル生産プロジェクトの検討を22年4月に中止。直後に中国企業がその現地企業の新たなパートナーになったことが判明した。住友金属鉱山の松本伸弘金属事業本部長は中止について、生産開始の目標時期など「スケジュールが合わなかった」ことを理由として挙げつつ、「別の企業と交渉しているとは感じていたが、どんな交渉を進めているかまではわからなかった」と明かした。権益確保に向けた水面下での競争激化が想像される。

一方、ニッケルの生産過程では住友金属鉱山の優位性が発揮できる可能性もある。ニッケルも生産過程でCO2の排出が問題となるが、22年12月に開催されたサステナビリティ説明会に登壇した常川茂サステナビリティ推進部長は「(排出量の)基準に沿わない中国企業も多く、実際にはコスト競争になってしまうこともある」と指摘。そのうえで、同社の低排出な生産工程が「長い目で見たときにはいちばんのメリットになる」と自信を見せた。

もっとも、需給の逼迫や脱炭素対応による生産コスト増により金属価格が高騰すれば、代替材料を使用しようという動きにつながりかねない。JX金属の安田事業部長は「銅が使われなくなるのではないか、という危機意識がある」と話す。

需給を見定めていかに安定供給を維持し、同時に製造過程などの脱炭素化も進めていくか。非鉄金属企業に求められる舵取りは容易ではない。

(劉　彦甫)

「エネルギー危機は長期化へ　国家の市場介入が強まる」

S&Pグローバル副会長・ダニエル・ヤーギン

ロシアのウクライナ侵攻を契機に、高まるエネルギー危機。業界の権威であるダニエル・ヤーギン米S&Pグローバル副会長は、「危機は始まったばかり。まだ終わらない」と説く。

【3つのポイント】
①ロシアは地政学的な力を失い中国へ依存
②気候変動対策を背景に国家はより市場へ介入
③鉱物資源の確保が次の大国間競争の火種に

――ロシアによるウクライナ侵攻から間もなく1年。侵攻の影響をどうみていますか。

ウクライナ戦争がいつ終わるかは誰にもわからない。いま予想されているのは、ロシアによる新たな大攻勢だ。プーチンはこの戦争に負けるわけにはいかないからだ。一方の欧米側は、世界の安定やアジアといった他地域への波及、国際法違反やロシアの残虐性といった理由から、プーチンに勝たせるわけにはいかないと考えている。

ウクライナ戦争は世界のエネルギー市場に大きな影響を及ぼしている。（脱ロシア産ガスを進める）欧州ではLNG（液化天然ガス）への依存度が高まり、パイプライン経由で送られるはずだったロシア産ガスが大量に滞留している。

またG7（主要7カ国）がEU（欧州連合）と共にロシア産石油製品や、ロシア産原油の販売価格に上限を設ける制裁を発動したことで、世界の石油市場は分裂し、ロシア産原油の買い手は減っている。

価格上限により今のところロシア産原油は安く売買されており、ロシアの国家財政に打撃を与えている。これまでのロシアはエネルギー大国だったが、今後は資源を武器にした地政学的な力を失い、経済面で中国依存を強めるだろう。

――エネルギー危機は長期化するのでしょうか。

まず石油については、中国の都市封鎖（ロックダウン）で世界の石油需要が減少した。だが今後は（「ゼロコロナ」政策の見直しによる）経済再開が石油価格に影響する。また世界全体の経済成長も重要なポイントだ。その結果、世界の石油市場では前半は供給が需要を上回るものの、後半は盛り返して需要が供給を上回るだろう。

中長期にみても、しばらくは需要が伸び続ける。近著『新しい世界の資源地図』の中でも指摘したように、世界人口の８割を占める途上国の所得が向上するからだ。

ＬＮＧについては、中国の経済再開に伴いアジアと欧州の間で奪い合いが起きる。カタールや米国からの供給が本格化する２０２０年代半ばまでは、逼迫するだろう。

――ウクライナ問題をきっかけにエネルギー安全保障への意識が高まりました。国家と市場の役割にも変化が見られます。

過去数十年にわたって築いてきた市場の信頼性の向上を逆行させ、国家は経済への介入を再び強め、「司令塔」へと戻っていくだろう。（エネルギーを安定的に確保する）エネルギー安全保障に加え、（脱炭素に向けた）気候変動対策も国家の役割が変貌する一因だ。

エネルギーの歴史を見ると、（木材から石炭へ、石炭から石油へといった）過去のエネルギー転換は、主に技術面での進歩と経済面での優位性によって推進され、転換を終えるまでに長い時間が必要だった。だが、気候変動対策を背景にした今回のエネルギー転換は国家主導型。四半世紀以内に起こるよう計画されている。

一部の国際機関も、各国の政策の推進力によりエネルギー転換をより早く実現できると主張している。だが、エネルギー安全保障の問題を軽視している点を見過ごしてはならない。各国は保護主義を強めて、技術面での普及が遅れる可能性があるからだ。

例えば米国は何十年もの間、日本政府による「産業政策」と「（市場）介入」に対して不満を表してきた。しかし米国では今、産業政策という言葉が公に使われている。2022年8月に成立した「CHIPS・科学法」（半導体の生産や研究開発に補助金）や、同じく8月に成立した「インフレ抑制法」（エネルギー安全保障と気候変動への対策を後押し）など、大型新法に産業政策という言葉が並ぶ。なんという〝宗旨変え〟だろうか。

──保護主義を強める大国間の対立により、脱炭素に欠かせない鉱物資源の確保も遅れそうです。

脱炭素を背景に今、再生可能エネルギーに注目が集まる。ただし、再エネの拡大には、「鉱物資源のサプライチェーン（供給網）」という問題が立ちはだかる。

S&Pグローバルは銅の需給についての大規模な調査をした。その結果、将来の供給に圧力がかかることがわかった。資源を発見し、開発許可を得て、採掘するまでには約20年かかる一方、今後15年で銅の需要は大きく伸びる。銅は「（脱炭素に向けた）電化のための金属」なので、供給制約は世界にとって重要な問題である。

このサプライチェーン問題こそ、『新しい世界の資源地図』の中で「大国間競争の新時代」と呼んでいるものだ。中国は鉱物資源の必要性を早くから予見し、電気自動車や洋上風力発電など再エネに必要な鉱物の採掘と加工で強固な地位を築いている。米国が打ち出した「インフレ抑制法」は実は「対中国法」ともいえる。

企業にとって数年前まで、サプライチェーンは主に効率性を追求するものだった。しかし今では、（地政学リスクに絡み）経営上の重要課題へと一変している。

――2022年12月に日本政府は、脱炭素と産業構造の転換に向けた官民150兆円の投資や原発活用を掲げた「GX（グリーントランスフォーメーション）基本方針」を発表しました。どう評価しますか。

日本の政策は、諸外国の計画と比べてバランスが取れており現実性もある。1つの対処法に過度に集中するリスクも認識している。原発なしで（脱炭素の）目標を達成するのは非常に難しい。ドイツでは今、あまりに早く脱原子力を進めたことが誤りだったと理解され始めている。プーチンが同国のエネルギー供給システムの弱点を突こうとしたからだ。

日本は技術や開発といった強みを生かすことで、世界経済での地位を高められる。

（聞き手・林　哲矢：インタビューは書面で行った）

【週刊東洋経済】

ダニエル・ヤーギン（Daniel Yergin）

１９４７年生まれ。米イェール大学卒業、英ケンブリッジ大学で博士号取得。エネルギー問題の権威として米エネルギー省長官の諮問委員会委員などを歴任。著書にピュリツァー賞を受賞した『石油の世紀』や、『新しい世界の資源地図』など。

本書は、東洋経済新報社『週刊東洋経済』2023年2月18日号より抜粋、加筆修正のうえ制作しています。この記事が完全収録された底本をはじめ、雑誌バックナンバーは小社ホームページからもお求めいただけます。

小社では、『週刊東洋経済eビジネス新書』シリーズをはじめ、このほかにも多数の電子書籍ラインナップをそろえております。ぜひストアにて「東洋経済」で検索してみてください。

『週刊東洋経済eビジネス新書』シリーズ

No.426　瀬戸際の地銀
No.427　不動産争奪戦
No.428　インフレ時代の資産運用&防衛術
No.429　人口減サバイバル

No.430　自衛隊は日本を守れるか
No.431　教員不足の深層
No.432　ニッポンのSDGs&ESG
No.433　独走トヨタ　迫る試練
No.434　変わる相続・贈与の節税
No.435　東芝の末路
No.436　食糧危機は終わらない
No.437　ゼネコン　両利きの経営
No.438　すごいベンチャー2022〔前編〕
No.439　すごいベンチャー2022〔後編〕
No.440　宗教　カネと政治
No.441　岐路に立つ鉄道
No.442　学び直し全ガイド
No.443　米中　大動乱

週刊東洋経済eビジネス新書　No.456
エネルギー危機と脱炭素

【本誌（底本）】
編集局　秦　卓弥、印南志帆
デザイン　熊谷直美、中村方香、松田理絵
進行管理　三隅多香子
発行日　２０２３年２月１８日

【電子版】
編集制作　塚田由紀夫、長谷川　隆
デザイン　大村善久
制作協力　丸井工文社
発行日　２０２４年６月１３日　Ver.1

発行所　〒103-8345
東京都中央区日本橋本石町1-2-1
東洋経済新報社
電話　東洋経済カスタマーセンター
03(6386)1040
https://toyokeizai.net/

発行人　田北浩章

©Toyo Keizai, Inc., 2024

電子書籍化に際しては、仕様上の都合などにより適宜編集を加えています。登場人物に関する情報、価格、為替レートなどは、特に記載のない限り底本編集当時のものです。一部の漢字を簡易慣用字体やかなで表記している場合があります。本書は縦書きでレイアウトしています。ご覧になる機種により表示に差が生じることがあります。

本書に掲載している記事、写真、図表、データ等は、著作権法や不正競争防止法をはじめとする各種法律で保護されています。当社の許諾を得ることなく、本誌の全部または一部を、複製、翻案、公衆送信する等の利用はできません。

もしこれらに違反した場合、たとえそれが軽微な利用であったとしても、当社の利益を不当に害する行為として損害賠償その他の法的措置を講ずることがありますのでご注意ください。本誌の利用をご希望の場合は、事前に当社（TEL：03－6386－1040もしくは当社ホームページの「転載申請入力フォーム」）までお問い合わせください。

※本刊行物は、電子書籍版に基づいてプリントオンデマンド版として作成されたものです。